通用航空典型安全问题研究

王永根　主编

西南交通大学出版社
·成都·

图书在版编目（CIP）数据

通用航空典型安全问题研究 / 王永根主编. —成都：西南交通大学出版社，2022.10
ISBN 978-7-5643-8942-0

Ⅰ. ①通… Ⅱ. ①王… Ⅲ. ①民用航空 – 航空安全 – 安全管理 – 研究 Ⅳ. ①F560.69

中国版本图书馆 CIP 数据核字（2022）第 183946 号

Tongyong Hangkong Dianxing Anquan Wenti Yanjiu

通用航空典型安全问题研究

王永根 / 主编

责任编辑 / 宋浩田
封面设计 / 原谋书装

西南交通大学出版社出版发行
（四川省成都市金牛区二环路北一段 111 号西南交通大学创新大厦 21 楼　610031）
发行部电话：028-87600564　028-87600533
网址：http://www.xnjdcbs.com
印刷：四川煤田地质制图印刷厂

成品尺寸　170 mm × 230 mm
印张　11.5　　字数　143 千
版次　2022 年 10 月第 1 版　　印次　2022 年 10 月第 1 次

书号　ISBN 978-7-5643-8942-0
定价　66.00 元

通用航空典型安全问题研究

编委会

顾　问	欧阳霆	刘传健	王小龙
主　编	王永根		
副主编	王合超	饶　弘	
编　委	戴文相	张世坤	郭湘川
	李　明	孙博禹	杨　畅
	宫献鑫	任　可	田　地

序 言

通用航空是指使用民用航空器从事公共航空运输以外的民用航空活动，包括从事工业、农业、林业、渔业和建筑业的作业飞行以及医疗卫生、抢险救灾、气象探测、海洋监测、科学实验、教育训练、文化体育等方面的飞行活动。“十四五”时期，我国民航确定“一二三三四”总体工作思路，即“践行一个理念、推动两翼齐飞、坚守三条底线、构建完善三个体系、开拓四个新局面”。其中，“推动两翼齐飞”就是推动公共运输航空和通用航空两翼齐飞。随着我国调查能力的不断提升，规章制度的不断健全，我国通用航空发展持续呈现稳中向好的安全态势，但自2010年以来，通用航空死亡事故万架次率波动剧烈，2013年、2016年和2018年三年的通航死亡事故率为近10年内最高，分别为0.044、0.037和0.039。其间出现了“1·3 DA42飞机积冰撞山”“9·20 C172R飞机失速坠机”等令人惋惜的通用航空飞行事故。2017年至2021年的五年间，我国发生通用航空征候①（含）以上的事件175

① 民用航空器征候：在航空器运行阶段或在机场活动区内发生的与航空器有关的，未构成事故但影响或可能影响安全的事件。——《民用航空器征候等级划分办法》（AC-395-AS-01）

起，其中事故为人为原因的有113起，事故为机械原因的有42起，事故为其他原因的有20起。这些事件共计造成死亡人数63人。

2019年，我国通用航空飞行小时数为112.5万小时，美国通用航空飞行小时数为2 180万小时，相较于欧美发达国家，我国通用航空发展仍处于起步阶段。随着我国民航“十四五”总体工作思路的确定，通用航空“放、管、服”的改革力度必然继续加大，通航企业运营的制度性成本进一步降低，我国通用航空必将呈现出持续高速的发展态势。根据国务院发展中心预测：若按照年均19%的高增速，到2030年，我国通用航空飞行小时数将达到1 100万小时，接近目前美国一半的水平；未来15年，全国飞行总量在目前基础上增长10倍左右，通用航空飞行器将达到3万架，相当于现在15倍的水平。随着通用航空飞行量的快速增长，从国外航空发达国家通用航空发展过程和事故发生数量的经验来看，如果管理制度和措施没跟上，很可能造成通用航空事故率的增长。通用航空事故不可能绝对避免，一旦发生事故，只有找到问题根源，查明事故原因，将被动事后弥补转变成主动事前预防，从而彻底排除安全隐患，管控通用航空运行风险，防止通用航空事故率增长。

《通用航空典型安全问题研究》是一本全面、客观、深入的通用航空安全问题研究类书籍。该书收集并梳理了通用航空运行中的典型安全问题，包括低空飞行、飞机撞线、空中停车等通航作业中出现的极易导致事故发生的通航安全问题。列举国内外发生的通航事故，分析通航存在的典型安全问题及引发问题的深层次原因，从中归纳总结出行之有效的安全管控措施，便于民航从业人员学习研究，从中汲取宝贵的营养，为行业持续、健康、高速发展添砖加瓦。

目录

一、低空飞行

二、航空器撞线

三、空中发动机停车

四、在目视飞行规则下进入仪表气象条件

五、航空燃油管理

六、过度依赖飞行经验

七、夜间目视飞行

一 低空飞行

（一）背景介绍

本章是通用航空典型安全问题系列的第一部分内容。在本章中，我们将重点讨论不必要的低空飞行和未获得许可的低空飞行事故。低空飞行是距地面100米到1000米的飞行，适用于训练、伞降、空投、侦察和农林等作业。

2017年至2021年，这五年间我国发生通航事故79起，包括通航领域的空中作业、飞行训练、商业、运动和娱乐飞行。本章以六起亡人事故和另一起非亡人事故作为案例进行研究，目的是强调低空飞行时存在潜在危险，并从每个案例中提取出一些经验教训，并希望这些经验教训能帮助飞行员在选择低空飞行前做出更有效的风险评估和更精准的飞行决策。

低空飞行时，飞行员需要避开许多障碍物，而且几乎没有出错的余地。意识到低空飞行的风险和危害后，国际上，各国民航局均要求飞行员在合法进行低空飞行前接受特殊训练并取得认证。在本章描述的事故中，大多数飞行员都不具备这些条件，也没有在500英尺（1英尺=0.304 8米）以下飞行的合法理由。合法的低空飞行理由包括空中放牧、农作物喷洒和灭火行动。除了进行正常起降，强制或预防性紧急着陆，或者绕飞不利天气外，大多数通航飞行员通常没有理由进行低空飞行。

本章列举了7起低空飞行时的通航事故，而令人遗憾的是，以下案例研究中所描述的事故本都是可以避免的。

（二）低空飞行事故1：圣诞节的悲剧

2018年圣诞节清晨，一名目击者称，他听见一架飞机飞过的声音且离地很近，之后这架飞机降落在了附近的一座山上。当目击者赶到山上时，发现飞机正在燃烧，并且严重受损，飞机上只有一名飞行员且已经遇难。

1. 悄悄靠近的电线

事故调查结果显示：这架飞机在飞过房子后撞上了电线，该电线离地面只有86英尺（26米）。鉴于飞行员对房子周围的区域很熟悉，所以他可能知道电线的位置。然而，由于电线本身很难被看到，加上普通电线不需要做航空警示标记，且通常也没有标记，所以导致了此次事故的发生。

澳大利亚运输安全委员会2016年的统计报告显示，该国在2004年至2014年期间，有39%的撞线事故涉及低空飞行。此外，在经历过撞击电线事故的飞行员中，有63%的飞行员表示他们在撞上电线之前已经意识到了电线的存在。

2. 没有低空飞行的理由

目击者提供的信息表明，该飞行员有低空飞行史，每年圣诞节他都会飞过这个房子。此外，在事故发生时，该飞行员正在接受民航局的调查，因之前低空飞行过几次。且他没有取得民航局的任何低空飞行评级或签注。同时他也没有任何必须低空飞行的理由（例如避免恶劣天气、发动机故障、飞行操纵系统故障等原因）。鉴于他有过各种不安全行为（包括低空飞行），该飞行员很可能是有意地进行低空飞行。

3．经验教训

了解了某个地区的电线的分布，并不意味着便可以永远避免电线和其他低空飞行中会遇到的风险，有时仅一个小小的干扰就可以分散飞行员对外警戒观察的注意力。如果没有在500英尺以下高度飞行的必要，请远离低空飞行的操作。

图1-1 机翼上缠绕的电线

（三）低空飞行事故2：派对上的意外

2015年3月，一架贝尔206B JetRanger Ⅲ直升机在某个生日派对上进行观光游览飞行。

据目击者称，该直升机在房子上空距离地面约100英尺的高度低空飞行，在一次低空飞越后，直升机向左形成大坡度，滚转并俯冲。由于在这么低的高度时直升机状态无法改出并恢复到原高度飞行，因而撞上了周围的树木，直升机也在撞击中断成了几截，严重损毁。

该飞行员没有低空飞行许可，事故发生后，他的飞行员执照被民航局停用，等待审查。

1．救命的安全带

据报道，在飞行过程中，只有坐在后面的一名乘客系上了安全带。虽然机上五人都在事故中幸存下来，但都受到不同程度的伤害，其中一人在撞击中被抛出直升机。飞行员报告说，在出发前已向所有乘客简单介绍过安全带的使用方法。

2．“重”大问题

该直升机在起飞前接受过适当的维护和检查，并没有发现有影响直升机安全飞行的机械缺陷。但调查发现，在事故发生时，直升机载重和最大起飞重量（MTOW）相比超出了28千克。其中一名乘客证实，他们在离开班克斯顿机场之前没有进行配置与重量平衡计算。

图1-2　贝尔206B直升机

3．经验教训

如果遵守制造商规定的重量限制，并按照民航规定在离地面500英尺或更高的位置操作直升机，飞行员就会有更多时间来评估和应对失控情况。

民航咨询刊物建议对少于7座的轻型飞机和直升机采用对乘员和行李的实际重量进行计算的方式以避免超载。

此外，如果所有乘客都系上了安全带，他们的受伤程度可能也会有所降低。

（四）低空飞行事故3：湖上隐藏的危险

2016年5月1日，一架R44-Ⅱ型直升机执行空中游览任务。大约10：00，直升机执行当日第一次飞行，于10：38结束，共计飞行4个起落。11：20，该机执行当日第5个架次飞行任务时坠入当地河口水库。

直升机坠入水库后，沉入水底，事发地水面宽约600米，平均水深40余米。机上共4人，其中机组1人，随机机务1人，游客2人。事故最终造成机组1人和游客1人死亡。

1．危险的“管道效应”

飞行员在完成库区下降高度的操作后，处于飞行“管道效应”，但由于其一心只想着完成此次低空游览的飞行任务，并尽可能在风景视觉完美的情况下飞行，从而丧失了情景意识，忽视了直升机的飞行高度。由于水面背景、周围山体植被及当日晴朗天空背景的色彩一致性等因素，影响飞行员对直升机高度的有效判断，在直升机连续下降过程中产生“空间定向障碍”。直升机触水后，飞行员无任何本能反应的机动驾驶动作、无任何惊恐性言语或形体动作，均反映出事发时飞行员正处于完成单一任务的“管道效应”。

2．经验教训

这起事故共计造成机上2人死亡（包括当事飞行员），原因均系溺水而亡。令人惋惜的是，这样的结果本可以避免。

查阅资料发现，绝大多数欧美国家都强制要求直升机机组人员上岗前要接受直升机水下逃生培训课程并取得相应证书。那什么是直升机水下逃生培训呢？

直升机水下逃生培训是机组人员在直升机意外坠落水面时，使其能做出正确的应急处理，提高逃生能力的安全培训。如果直升机迫降在水面，其无法获得如固定翼飞机那般大的浮力，便会迅速下沉，因此，如何在下沉过程中迅速逃离直升机，成了这种情况下决定机组成员是遇难还是幸存的关键因素。而此次事故的当事飞行员从未接受过水下逃生训练。

图1-3　飞行轨迹示意图

（五）低空飞行事故4：圣诞前夜的喧嚣

2016年圣诞前夜，一架Auster J1/A1飞机在进行了维修检查后，飞行员计划驾驶飞机从一个简易私人机场起飞回家。三个人站在简易跑道附近的两个机库之间，观察飞机起飞的同时和飞行员告别。飞机刚离开跑道，飞行员就向右低空转弯，朝机库方向飞去，显然是想（用飞机的嗡嗡声）“回应”他的朋友们。

飞机接近机库时，突然爬升，然后撞上了机库缝隙之间的电线。（对残骸的调查发现，飞机螺旋桨承受了撞线的全部力量，导致螺旋桨断裂，发动机停止工作）。随后飞机低空失速，可能是飞行员试图避开电线后面的树木所致。

由于高度很低，飞行员几乎没有可能从失速中恢复，飞机几乎垂直地撞向地面。最终飞行员头部受重伤，未能生还。

目击者的描述表明，飞行员在起飞后不久就开始有意地进行低空转弯，打算直接飞越他的朋友们。飞行员很可能专注于低空飞越，并预想了一个拉升动作以避开机库后面的树木，但明显忘记了电线的存在。

尽管飞行员熟悉飞机跑道并知道电线的位置，但研究表明，了解电线位置并不能保证避开电线。涉事电线没有，也不需要安装高能见度的标记，因为它离地面只有39英尺（12米），离跑道和所有可能的飞行路线也都很远。如果飞行员保持跑道航迹，直到上升到离地500英尺，其间撞上机库、树木或电线等障碍物的风险将大大降低。

该事故的经验教训为：

在低空飞行时，几乎没有从意外事件（失速或发动机故障）中恢复正常的时间。

这起事故也说明，飞行员在地面上意识到电线的存在并不代表其在空中也能观察到电线。电线是很难被看到的，因为它们可以与背景的植物或天空融为一体，在低空飞行时尤为严重。

图1-4　事发天气情况

图1-5　坠毁现场

（六）低空飞行事故5：为你的伙伴们着想

2016年3月，一架塞斯纳C188B Agwagon飞机的残骸在一个围场中被发现。残骸显示，飞机猛烈撞击地面，残骸机头朝下，右翼朝下，机上的飞行员已死亡。事故现场附近区域没有发现可能导致事故发生的电线或其他障碍物。

1．滑水

虽然事故本身没有目击者，但有一些人目睹了飞机在事故发生前的飞行活动。飞机被降落在一个围场，附近是当地河流的滑水区，那里聚集了一大群当地人，还有一些运行的滑水艇。飞行员声称他打算在滑水区上空做一些低空飞行。在起飞进行低空飞行之前，飞行员将他的相机交给了一个朋友（也是一名飞行员），让他拍下自己在滑水场上空飞行的照片。在进行了四次非常低的飞行后，飞行员在作业区降落并拿回了他的相机。回收的一张照片显示，至少一次的低空飞行中飞机的主轮接触到了水面。

当天晚上，飞行员回到他的飞机上，此时他的一些朋友正准备乘车离开这里。飞行员朝西边起飞，然后回头向东边飞去，飞机的飞行高度很低，飞越了汽车。目击者说，他们被这架飞机吓了一跳，因此停了车。在飞越汽车后，飞机“猛然急转”，转回西边，再次飞越汽车。在第二次飞越过程中，飞行员直接朝着汽车飞来，高度约为“栅栏的两倍”。然后，他又在滑水区上空进行了两次低空飞行后离开，向他家飞去。据说，在这两次的滑水区低空飞行过程中，飞机的主轮再次接触到水面。

车上的人继续开车回家，并说，他们观察到飞机在滑水区上空“若隐若现”。然后看到它水平朝飞行员家的方向飞去，不久之后，它的姿态就像用单边机翼立着，在空中像字母X，然后改变姿态。最后一次看到这架飞机时，它先爬升，用一边机翼立起来，然后猛地转向并再次俯冲。

没有证据表明该飞行员接受过特技飞行训练或被批准进行特技飞行。此外，塞斯纳Agwagon飞机被禁止用于特技飞行。也就是说，该飞行员使用没有作业任务的农用飞机进行了特技飞行等“高风险”空中活动。通过对飞机残骸和维修记录调查，没有发现可能导致坠机的机械缺陷存在。

图1-6　超低空飞行

2. 经验教训

这起事故警醒我们，在未经批准的情况下进行未经授权的低空飞行和特技飞行，或使用禁止进行特技飞行的飞机进行特技动作是非常危险的。如果你是一名飞行员，在你目睹了不安全的飞行时，请主动制止它，并在有必要的时候，在其产生严重后果前上报。

（七）低空飞行事故6：浓雾后的“杀手”

2017年10月，一架R44-Ⅱ型直升机执行训练飞行任务。8：50，飞机在飞行过程中进入平流雾，失去目视参考，飞行员急于看到地面而导致下降高度过多，在挂碰高压线后失去控制坠地。被挂碰高压线距地面高度40米，坠机地点距挂线处水平距离80米，主残骸距离村边道路约200米。机组共2人，飞行教员1人，飞行学员1人。事故造成机上2人全部死亡。

图1-7　撞线后的事故现场

1. 突然出现的"迷雾"

当日，事发机组在执行飞行任务时，公司负责人及准备飞行任务的其他机组人员均称，在公司起飞点周边能见度目视约3千米以上。航校气象报本场能见度为1～1.5千米，风向不定，风速约1米/秒，天气现象轻雾（BR），事发时航校本场已有飞机开展飞行活动。事发时正值北方进入冬季，雾霾天气多发，且当地积极采取人工措施进行环境控制（连续性洒水及喷水雾），受季节性气候影响，事发当地的局部区域极易形成平流雾（团雾），加之事发当天风速很弱，一旦形成平流雾（团雾），不易消退。对公司人员进行访谈后得知，事发后公司救援人员在从公司去现场的路上便遭遇团雾，且越接近现场，雾越浓厚，路上行驶的车量均打双闪。事发后经对证人的访谈得知，当时在地面不能清晰辨认出高约40米的高压线塔顶部，事发时坠机点区域能见度应极低。

直升机在进入平流雾（团雾）后，机组急于寻找可靠的目视参考，进入下降飞行状态，忽视了对直升机状态和位置的判断，也未与地面进行通话联系寻求支持与帮助，从而导致下降高度过低挂到高压线。

2. 经验教训

虽然该飞行员接受过低空飞行训练并有低空飞行经验，但在低空飞行前他没有对飞行地区的障碍物进行足够的调查。

电线杆通常能够提供良好的视觉提示，使飞行员能够看到电线本身。然而，当电杆之间的跨度很大，特别是当局部区域能见度突然下降或电杆被其他障碍物遮挡时，这一重要提示就会被削弱或无法看见。因此，飞行员绝不应该把电杆作为察觉电线的唯一方法。

（八）低空飞行事故7：荒野上的放纵

2017年11月，三名德国游客从凯瑟琳飞往北部的滕南特克里克，他们租用了一架赛斯纳C172N“天空之鹰”飞机，作为环澳大利亚旅行的三架飞机中的一架。

事故虽没有直接目击者，但在斯图尔特公路上行驶的一辆汽车的乘客称，在事故发生前不久他看到飞机在公路上方低空飞行。乘客回忆说，他们看到一架飞机在高速公路以西约4～5千米处飞行，离地高度约150英尺。这架塞斯纳飞机有意地做了一个缓慢的转弯，对准高速公路飞行，然后消失在前方距他们有一段距离的高速公路坡顶后。不久之后，他们便看到了高速公路旁的残骸。

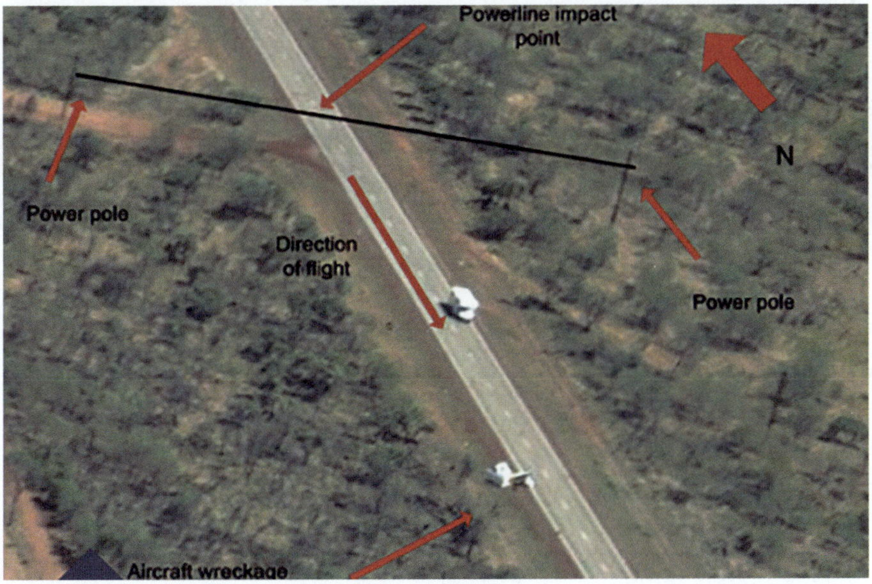

图1-8　事发现场

1. 又一起撞线事件

事故调查显示，飞机的尾部撞上了横跨斯图尔特高速公路的电线，使得尾部断裂，导致飞机失控。飞机机头向下，垂直撞向公路，并在离撞击电线地点约150米处停止，飞机机腹朝上。飞机被毁，无人生还。

对飞机残骸的调查确定，事故发生时，飞机当时的速度至少为72海里/小时（kts）。涉事电线的高度距离路面只有49英尺（15米）。

2. 有意决定低空飞行

从残骸中发现的相机中所找到的影像证据表明，这群人曾经低空飞行过。摄像机图像显示，在事故发生前一周，同一批人驾驶飞机沿西澳大利亚的海滩低空飞行，气压高度表显示其飞行高度为海平面以上70英尺。录像显示飞机在100英尺以下的高度沿着海滩飞行了大约5分钟。

残骸的检查结果和飞行员过去的行为都表明，在事故发生时飞行员是故意低空飞行，而并非进行紧急着陆。

3. 早些时候，这群游客进行的低空飞行

三人中有两人持有德国私人飞行员执照，并坐在前排座位上。而这两名飞行员都没有被批准进行低空飞行，也没有证据表明他们接受过任何低空飞行训练。

图1-9　低空飞行

在没有受到批准以及没有接受过低空飞行训练的情况下，飞行员可能对低空飞行的危险没有全面的认知，比如撞击电线。考虑到事故发生地比较偏远，飞行员可能没有想到会遭遇人造的障碍物。

4．经验教训

不要忘记，电线可能存在于任何地方，甚至是沙漠中。

不要为了获得更好的风景而被低空飞行诱惑。乘客可能会要求你飞得更低，但他们可能并不了解其中的风险。作为飞行员，你需要设定飞行高度限制。

（九）小　结

以上这些案例研究着重提醒了与低空飞行有关的风险。在本章中记录的七起事故中，均有人员死亡。低空飞行本质上是不安全的，原因很多，所以在没有必要的情况下，应该坚决避免低空飞行（无论你是否经过培训或是否被批准这样做）。

低空飞行不安全的原因如下：

（1）有更多需要避开的障碍物，其中许多是很难看到的，看到时也已经来不及了（如电线、鸟）。

（2）飞行员有更高的工作量，因为环境中有更多危险需要解决。

（3）飞行员可能会遇见低空乱流和低空风切变，并且如果出现问题，几乎没有时间来恢复对飞机的控制。

从上文中描述的事故可以看出，低空飞行的两个主要危险是撞线以及飞行员从低空失速或失控中恢复飞行操纵的概率极低。

重要的是要记住，电线也存在于你想象不到的偏远地区。例如，斯图尔特公路事故中的飞行员可能没有想到北部偏远地区会有电线。低空撞线的影响显而易见，对飞机造成重大损害，通常会导致飞机失控，并且由于几乎没有恢复的余地，飞机随后会撞到地面或水面。飞行员必须牢记，电线不仅存在于低空和偏远地区，而且还不容易被发现。即使在晴朗的蓝天下，也有很多原因会导致电线很难被发现。电线不仅会被氧化成蓝色/灰色，也可能会融入背景，还可能被地形挡住。单根电线很难在空中被发现，而且会在农村地区最意想不到的地方出现。即使飞行员发现了电线，判断其与飞机距离的能力也会由于视错觉或缺乏附近的视觉参考点而出现下降。

飞行前的评估和计划是所有飞行工作的一个重要部分。一定要在飞行时带着预定飞行路线的地图，并在飞行前研究这些地图，以确定地形、电线或在有必要低空飞行时需要避开的其他障碍物。如果你已经接受过训练并有资格进行低空飞行，并且有必要进行低空飞行，那么在进行低空飞行之前，一定要从适当的高度对该地区进行空中勘察。

与高空飞行相比，低空飞行在失去控制后改出的概率极低。做出反应并恢复对飞机的控制需要花费一定的时间，离地面越近，你拥有的时间就越少，距离就越短。在决定进行低空飞行之前，请问自己是否有合法的理由或操作的必要。

二 航空器撞线

（一）背景介绍

航空器撞线事故是通用航空领域内一个长期存在的问题。2001年至2010年间，澳大利亚运输安全委员会数据库显示，共发生了180起撞线事故，其中100起涉及农林作业飞行。澳大利亚运输安全委员会的研究表明，63%的飞行员在撞击电线之前明确知道电线位置。

本章详述了近期的农林作业撞线事故。在所列事例中，飞行员都是在已知电线位置的情况下撞击的电线。在许多的类似事故中，由于临时改变飞行计划，飞行员没有完全专注于当前的飞行任务。

本章还提出了全球民航制定的一系列策略，以帮助农林飞行员在喷洒作业期间远离撞线的风险。这些措施包括：

（1）确保飞行员身心都处于适合飞行的状态。

（2）设定客户期望值，明确安全第一的工作方针。

（3）在飞行前实施全面讲评并熟悉该地区的详细地图。

（4）农林喷洒作业开始前需进行空中勘察。

（5）当飞行计划发生变化时，重新评估安全风险。

（6）避免不必要的干扰，并在受干扰时重新集中精力。

（7） 注意作业区警告限制。

（8）不要依赖应急反应能力来避开电线。

（9）积极寻找并时刻提醒自己注意电线。

（10）保持警惕并控制心理压力。

（11）具有安全避让电线的系统方法。

（二）通航撞线事故1：遗忘的空中勘察

2019年4月，两名飞行员驾驶R44直升机在松树围场进行喷洒作业。从10：00左右开始，在第一个作业区喷洒作业了1个半小时后，飞行员休息了30分钟进入第二个作业区。第二个作业区唯一的电线在东北角，部分穿过作业区。林业现场管理员和运营商的运行经理讨论了两个作业区的布局、喷洒的要求以及相关的危害。随后运行经理将该信息转达给两名飞行员。当天早些时候，两名飞行员还讨论了作业区电线不易被发现的情况。然而，当事飞行员却没有在地图上标记出这些危险的电线。

每个飞行员负责作业区的一部分，并按照预先设定的GPS轨迹“东－西－东”地来回进行喷洒。计划喷洒作业区北部区域的飞行员在喷洒过程中八次飞越电线。午餐前，该飞行员被指派进行两次计划外的喷洒作业，然后在作业区南部进行一次清理作业飞行。

此时该飞行员在作业区的一个新区域作业，但飞行员没有事先进行空中勘察来识别危险。飞行首先在西部边界进行，然后从东部边界向北进行。在这最后的飞行中，直升机撞上了作业区东北角的电线，致使飞行员死亡。

相关经验教训如下：

在进行计划外的作业飞行前，应进行一次空中勘察飞行，使飞行员重新识别电线的位置，并作出风险评估。

图2-1　贝尔206直升机事故现场

（三）通航撞线事故2：临时变更计划

2018年6月的某日，一名贝尔206直升机的飞行员正在执行农业喷洒作业，到达该地点后，他与雇主一起对该区域进行了空中勘察，以确认喷洒区域内的潜在危险，包括电线的位置。

飞行员最初计划从该地区的高处向低处进行喷洒，但雇主通过无线电与他联系，并要求他提前开始喷洒低处区域。飞行员答应了该要求，并在继续喷洒现有的装载农药时，开始制订新的飞行计划。

当飞行员完成所在区域喷洒任务时，发现直升机上还剩一些农药，因此他决定返航前完成额外的临时喷洒任务。临时任务的作业区域里有一条电线穿过，飞行员在之前的作业中以及在当天上午的空中勘察飞行中都发现了该电线。

当飞行员重新调整直升机并开始进行额外喷洒任务时，他的注意力有一部分被分散到变更后的喷洒计划上。在喷洒过程中，他没注意到有电线的存在，直到电线出现在他面前很近的距离。

虽然飞行员立即操纵直升机爬升来避让电线，但目视观察到电线时已距离太近，加上装载了喷洒农药使所需爬升速度增大，飞行员没有足够时间避让电线。直升机撞线后与地面发生碰撞，导致飞行员失去意识，并受了轻伤，直升机严重受损。

图2-2　撞线事故现场

相关经验教训如下：

飞行员会受到个人事务和任务计划的影响从而导致注意力分散，考虑当前有关飞行操作时也会分散其注意力。本案例中，飞行员就是在考虑下一次的喷洒作业时与已知的电线发生的相撞。注意力分散，再加上电线很难被目视看见，会使得飞行员很难及时发现和避让电线。

（四）通航撞线事故3：阳光后的危险

2018年6月的某日，一架EC120B型直升机正在进行农林喷洒作业，6：00公司机务人员按照航前检查单对直升机进行了检查，未发现异常，并签署航前检查单和飞行记录本。9：30，飞行员将直升机转场至临时起降点，9：56落地关车。11：50开始执行第一架次作业，12：39落地关车。14：00，直升机继续作业。17：30在执行当天第12次作业返回临时起降点的过程中，直升机挂碰高压线后，坠毁在一片树林中，机上飞行员当场死亡。

图2-3　EC120B型直升机

经过调查发现，事发时，直升机处于返航途中，飞行员已经飞行作业12次，工作大约8小时。同时，该直升机审定为单人驾驶，飞行员既负责控制飞行，又负责导航、通信以及作业飞行，工作量偏大。因此，飞行员在返航途中处于较疲劳的工作状态。

直升机沿着高速公路上空返航的过程中，飞行员在较为疲劳的精神状态下向阳飞行，直升机飞行高度较低（引发事故的高压线塔尖最高处高度为 24 米），速度较快，未能识别航路上的高压线路，导致直升机与一组穿越高速公路的高压线相撞。由于撞击力度大，高压线从直升机脚蹬前方切开驾驶室后，损坏了仪表面板，后又伤到了飞行员的头部，造成飞行员当场死亡，直升机失控坠落，残骸分散在高速东侧的一片树林中。驾驶舱、主旋翼、尾翼和喷洒装置散落在高压线西北方约 120 米外的28×4平方米区域中，仪表面板及风挡呈粉碎性散落。

相关经验教训如下：

高压线塔一直以来都是通航作业飞行的重大隐患。在此次事故调查中，我们发现国内高压线塔普遍缺少明显的警示标识。为解决这一问题，民航局需加强与国家电网等相关单位的沟通，在高压线塔的建设标准中增加安装警示标志物的要求，便于飞行人员观察，降低高压线塔对通航作业飞行安全的威胁程度。

（五）通航撞线事故风险识别及管控措施

安全措施的范围涵盖个人层面、公司层面以及更广泛的社会层面。不仅飞行员个人需要重视安全，客户和公司也必须重视安全。

虽然在整个运行过程中，应考虑大多数风险管控措施，但在计划发生变化时，其中一些风险管控措施是最为关键的。

1．飞行员压力风险

大多数农林飞行员都在某种压力下工作，对于飞行员来说能认识到并管理压力，避免其影响自身的表现，是非常重要的。压力既可能来自外部，如客户和公司，也可能是自我施加的。

（1）客户和公司压力：农林飞行员面临多种压力，需要“立刻马上”开始工作，或保证作业的盈利性。这可能会造成飞行员，通过减少计划时间、准备时间和信息收集时间，来抄近路赶工或承担一些风险来进行作业。

（2）时间压力：我们感受到来自的时间压力越大，我们就越有可能出现“错、忘、漏”和赶工走捷径（例如，在作业前不进行空中勘察）。

（3）自我施加的压力：飞行员可能会感受到需要其尽快完成任务的压力，因此为了抓紧完成任务，他们会选择尽可能多地承受或接受风险。

为了尽可能地降低飞行员的压力，国际民航机构鼓励通航运营商在申请作业前使用空中作业申请表。这将有助于公司对相关工作进行规划，以及促使客户和运营商考虑该区域的风险和其他环境因素。

如果飞行员觉得工作条件超出了你的个人最低预期，或者你对这份工作存有疑虑，不要害怕去拒绝或者询问更多信息。国际农林协会开展的一项针对农林作业飞行撞线事故的调查结果显示，飞行员因无法向客户说“不”而对安全做出妥协，是导致事故发生的一个重要因素。

风险管控措施的相关内容如下：

（1）明确个人的底线标准。在什么条件下可以飞行或可以继续飞行，取决于驾驶员的知识、技能和经验，也是做出判断的原则和底线。它能在形势需求和你的技能水平之间起到“安全缓冲”的作用。

与更有经验的飞行员探讨自己的个人底线标准。尽管有自我施加的和来自外部的压力，但要有坚持个人标准底线的定力。尤其把你的个人底线标准当作一条不可逾越的红线。

（2）提前设定安全预期。农林飞行员和其他所有人一样，都有权利要求在一个符合职业健康安全标准的工作环境里工作。如果你认为你的公司/客户没有为你提供这种条件，那就应该提出来，并尝试去改善条件。

事先设定安全预期将帮助你判断飞行条件是否低于你的个人最低标准。在每次工作之前，向客户简要介绍由于天气、照明条件或飞机性能的变化，飞行或喷洒模式可能会产生的变化。通过这种方式，他们将会明白安全第一的重要性。

（3）了解作业环境的潜在风险。对于空中作业飞行员来说，安全的工作环境包括如下所述的电线位置和其他风险的初步识别，然后建立相关机制来管理其对安全产生的影响。飞行员应向当地管理方了解作业环境的所有风险，当地管理方必须将其知道的所有电线情况告知飞行员。

通过标记电线位置可以增加电线的可见性。国际上民航对此有相应规定，例如澳大利亚民航规定：“应在进行常规低空飞行运行的地方安装警告标识。”其还规定：“申请低空飞行作业计划的人员应负责申请安装这些警告标识”，以及“在开始低空飞行作业前，应将有效的警告标识告知飞行员或飞行员所在的公司。”

此外，国际民航组织要求，任何电线如果截面高度大于90米且连续跨度大于50米，则应进行标记。然而，即使在该标准不适用的情况下，电线所有者依然有义务标记电线。比如在与电线可见性相关的特定情况下，存在高安全风险，则需要标记电线。如果电线的风险水平不可接受，则应该向相关管理方反馈。

2017年澳大利亚上诉法院的一项案例表明，和飞机相撞的电线所属公司有责任确保电线有明显的警告标识。该飞机撞到电线时，电线上并没有标记，而且难以发现（电线杆间距过大，电线杆被周围树木遮挡）。并且在事故发生之前，电线所属公司曾被告知电线对低空飞行的飞机构成威胁。该案例强调，考虑到电线为低空飞行的飞机带来的安全风险，电线所属公司有责任使用警告标识来降低风险。虽然每个案例都有各自的特殊性，但针对电线的可见性提出质疑是非常重要的。

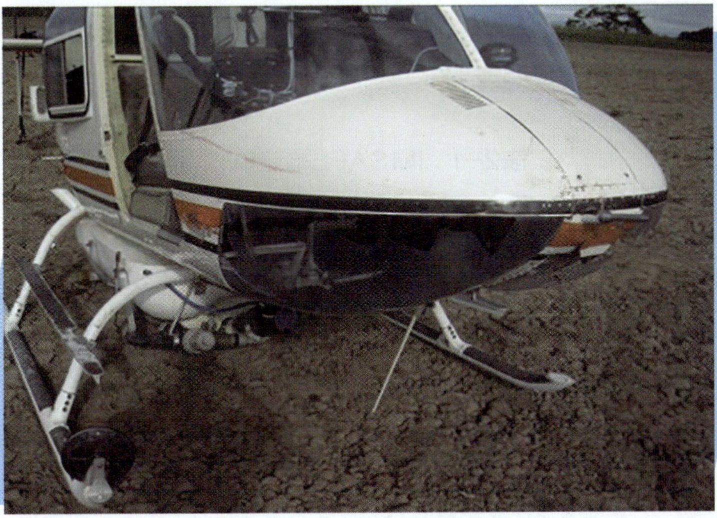

图2-4　直升机上的撞线痕迹

2. 飞行健康风险

疲劳可由短期睡眠缺失、睡眠紊乱或慢性睡眠缺失引起。也可能由其他因素引起，如昼夜节律变化、任务时间、健康问题、任务和环境因素（如驾驶舱噪音和振动、低负荷和温度）以及药物和酒精等。

当感到疲劳时，人会产生各种不利表现。例如，短期记忆力下降，反应变慢，应激水平降低，注意力固着，依赖视觉反馈和容易进入管道效应。

风险管控措施的相关内容如下：

科学研究表明适当小憩有益于缓解疲劳。将小睡时间限制在20到40分钟之间，并在醒来后等待30分钟的时间，以确保在飞行前完全清醒。此外，适当的营养和大量饮水有助于保持警觉，且不要依赖咖啡因（咖啡、能量饮料），因为它们只能短期缓解疲劳带来的影响。

美国联邦航空局（FAA）的《飞行员航空知识手册》建议飞行员在飞行前使用“IMSAFE检查单”（见表2.1）对自己的生理和心理健康进行自我评估（I疾病、M药物、S压力、A酒精、F疲劳、E饮食）。联邦航空局建议，如果飞行员对下面的任何问题的回答是“是”，那么飞行员就应该考虑不飞行。

表2-1　IMSAFE检查单

疾病 I	我有什么症状吗？
药物 M	我一直在服用的是处方药还是非处方药？
压力 S	工作给我带来了心理压力吗？我是否有经济、健康或家庭问题？
酒精 A	我在8小时内饮酒了吗？那24小时内呢？
疲劳 F	我疲倦吗？有没有充分休息？
饮食 E	我是否吃了足够的食物？在整个飞行过程中有足够的营养吗？

3. 撞击电线风险

飞行员飞行前应拥有一张最新的详细地图，上面应清楚地标明了电线位置和其他危险。一些电力公司会向公众提供电线覆盖图，需联系负责该地区的电力公司以获取最新地图。而一些撞线事故的飞行员向民航局报告说，他们从客户处收到的地图上没有清楚地标记出电线位置。

但我们也不要完全依赖这些地图，它们只是撞线风险初始识别的一部分。针对该区域的已知危险，应该与有经验的管理员、当地居民或在该区域的其他运营商，进行一次全面的飞行前简报收集和风险评估。

此外，如果在紧急情况下需要飞出作业区域，也需要建立一个缓冲区以确保能对作业区域外的其他危险进行识别。

尽管制定详细的地图和一次全面的飞行前简报是重要的第一步，但也不要完全依赖简报和地图（无论它们多么详细），应务必进行一次空中勘察，以确认电线位置和其他危险。空中勘察能让我们更直观地了解电线位置和走向，以及不同角度下的形态，因为从某些角度是看不到电线的。

澳大利亚航空农业协会对撞过电线的飞行员进行的一项调查指出，自我感觉良好以及过于依赖从运营商、当地人和客户口头了解到的风险情报，是导致事故发生的重要因素。

在空中勘察的过程中需要注意，由于目视勘察并不是百分之百的可靠，可能会漏标一些电线。例如，电线杆经常与背景植被混在一起，使它们难以辨识。此外，不要完全依赖电线杆位置或其他线索来识别电线位置，应尽可能看清电线本身，以确认其位置和走向。

4．计划变更风险

当情况发生变化时，应重新评估风险。把计划中的任何一个变化当作一个“危险信号”来对待，在继续进行计划之前应该认真考虑和评估这个变化。例如，天气变化可能会影响电线的可见度，因此需要重新评估风险。

如果需要执行计划外的喷洒作业，即使是在相似的地形区域进行额外喷洒，也必须进行新的风险评估，包括对该区域重新进行空中勘察。这是由于之前空中勘察的电线，现在可能由于角度/方向不同使它们不容易被发现或是被遮挡。

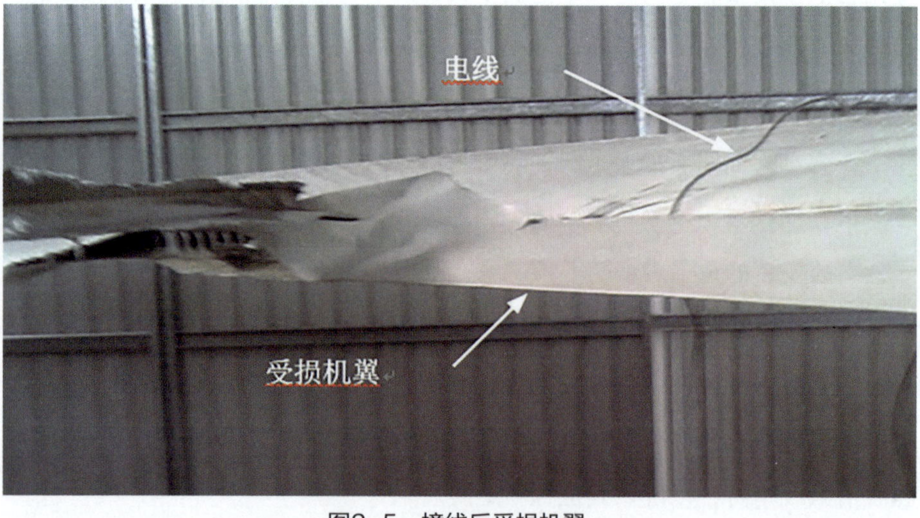

图2-5　撞线后受损机翼

5．注意力分散风险

注意力分散是飞行时的普遍情况，尤其是在低空飞行时。但是，将注意力集中在非操作任务上，或是在错误的时间把注意力集中在操作任务上，可能会增加飞行员对危险的识别、反应和规避时间。这与农林喷洒作业息息相关，在快速变化的环境中进行多任务处理是飞行作业的一部分。需要注意的是，所有飞行员都容易分心，有经验的飞行员也不例外。

例如，曾经有一名飞行员对一个有3根电线从不同方向穿过的作业区进行喷洒作业。事后飞行员谈到，当他飞越作业区东部的一根电线时，他专注于正在接近的另一根电线，而一时忽略了对角线上的电线。当他发现对角线上的电线并拉起飞机时，已经为时已晚。飞行员虽平安无事，但飞机的喷杆和螺旋桨受损。

引起飞行员注意力分散的原因有很多，以下原因均会引起飞行员注意力分散：

（1）考虑下一次喷洒作业或飞行技术问题。

（2）处理个人事务或疲劳。

（3）过于专注，例如过于专注于执行一项任务而忽略了其他任务。

（4）与地勤人员的沟通过度或沟通不当，例如在拉升转弯期间接听电话。

（5）使用手机。

（6）鸟类或其他野生动物。

（7）作业区附近的人。

（8）检查设备（例如喷洒设备、GPS）。

（9）飞行时计算载荷。

风险管控措施的相关内容如下：

（1）只关注操作任务。

为了帮助你专注于手头的工作，养成只专注于操作任务的习惯。例如关闭驾驶舱门意味着你将全身心地投入飞行任务中，而将其他问题放在着陆后处理。

（2）运动心理学与注意力。

国际民航组织将农林飞行员比作专业运动员，因为农林飞行就像一场锦标赛，需要自律和专注。当你的注意力分散时，你需要快速反应并重新集中注意力，而运动心理学提供了一些在你分心时如何重新集中注意力的技巧。

① 使用实物标识来提醒你重新集中注意力并注意电线情况。例如，在仪表盘上贴一个标注或贴纸等物件来提醒你注意电线。

② 国际民航组织建议，为了帮助你重新集中注意力，可以针对以下问题自我提问：

——电线/危险现在处于什么位置？

——我该怎么办？

——我在作业区的什么地方？

（3）主动寻找并时刻提醒自己小心电线。

在每次转弯时提醒自己电线的位置，并在进行农林喷洒作业时主动寻找电线。

对“非注意盲区”的研究表明，如果我们不去刻意注意（例如，专注于另一个物体或任务），我们就无法感知到意外物体（即使它们出现在视野中）。只有注意了，才能感知到。因此，即使我们之前知道电线的位置，如果你不主动去寻找它，那么我们就不太可能会注意到正在接近中的电线。此外，电线本身在视觉上就很难被发现，这也增加了撞上电线的可能性。

（4）警惕性限制。

花大量时间在枯燥的任务上，这会影响一个人的注意力集中度。因此，在大多数空中喷洒作业开始的30分钟后，发现危险的概率以及主动巡查危险的时间都会大大减少。

而且，在一项任务快结束时，防备意识通常会降低，飞行员可能会开始考虑下一项工作或想着马上就可以休息一下了。正是这种时候，飞行员需要保持对电线的警觉，跟刚开始作业的时候一样。要做到这一点，就应该在返航之前进行空中勘察，就如同第一次查看这个作业区和电线情况一样。这会让飞行员的思维回到当前的任务中，并能让其时刻提醒自己注意电线及其位置。

虽然在进行喷洒作业时听听音乐可能会降低喷洒作业的枯燥程度，但要注意，这是可能会影响短期记忆能力的。

（5）不要依赖你的反应时间。

不要依赖于用视觉能力来发现未标记的电线。许多飞行员报告说，只靠目视是几乎不可能发现电线的。

研究表明，通常需要5.5 ~ 12.5秒的时间，才能从发现物体、识别危险、做出行动决定，到飞行员做出行动让飞机针对该情况做出反应。因此，鉴于目视发现电线的困难性和飞机的飞行速度，在大多数情况下，一旦通过目视发现有电线，已没有足够的时间去避开。

飞行员目视发现电线的能力高低取决于电线的实物特征，如电线杆间距、电线下垂弧度、电线方向以及受天气的影响（尤其是能见度）。多数情况下，电线或电线杆会融入背景植被或被树木等遮挡。

（六）小　结

本章梳理了三起典型航空器撞线事故，发现与其他类型事故不同的是，经验和天气往往不是造成航空器撞线事故的主要因素。根据美国联邦航空局的统计数据，直升机撞线事故中飞行员的平均年龄为43.5岁，平均飞行时间超过4000小时。并且86%的直升机撞线事故都发生在天气很好的昼间目视飞行条件下。

让飞行任务中的所有飞行员都知道如何以系统的方式来规划和寻找电线，这是十分重要的。因此，运营商需要为其飞行员提供适当的培训和资源（特别是在电线周围的飞行作业），并配备相应工具和系统，以帮助飞行员规划作业任务和识别危险。美国宇航局曾经发布了一份美国民用直升机撞线事故分析评估的研究报告，该报告是在研究美国国家运输安全委员会和美国联邦航空局相关事故报告的基础上做出的。报告提出了几项降低航空器撞线威胁的措施，包括安装预警装置、配备撞线防护系统和改进培训等。同时报告给出了安装预警装置可以预防76%的撞线事故，配备撞线防护系统可以预防49%的撞线事故，改进培训可以预防56%的撞线事故的分析结论。

虽然先进的科技手段显著地降低了航空器撞线发生的可能性，但我们并不能因此掉以轻心。有专家曾指出“科技固然是个美妙的东西，但是它不是万能的，特别是不能代替培训”，同时专家还认为减少撞线事故的最好方法是“对这种潜在的致命环境进行教育，并提高驾驶舱内的警惕性”。

三 空中发动机停车

（一）背景介绍

本章主要介绍单发飞机起飞后空中停车处置的相关内容，旨在提高飞行员对单发飞机起飞后部分动力损失相关问题的认识。事故调查结果表明，主要的亡人或人员重伤事故均是由于失速和失控导致飞机与地面或水面相撞造成的。

从历史上看，模拟完全失去动力的迫降练习一直是飞行员特情处置训练的核心。然而，数据显示，如今的轻型单发飞机在起飞期间和起飞后出现部分动力损失的可能性是发动机完全故障的三倍。此外，澳大利亚运输安全委员会数据显示，2000年到2010年的十年间，因失去部分功率导致发生的亡人事故共9起，却没有发生因发动机完全失效导致的亡人事故。

这些统计数据出现反差的一个原因可能是部分功率损失导致事故的风险更大，第二个原因可能是不同的选择干扰了飞行员做出决断，但这并不能完全解释这个反差造成的后果。第三个原因可能是培训，起飞后发动机失去全部动力是昼间目视飞行规则教学大纲的一部分，并在飞行员的初始训练中进行教授和练习。然而，起飞后的部分功率损失并不是一个特定的教学大纲项目，在培训期间可能不会受到同样的重视。

虽然，我们也承认训练飞行员使他们足够应对部分功率损失后面临剩余功率和可靠性随时的千变万化是非常困难的，但对过去诸多事件的分析表明，提高飞行员对部分功率损失相关危险的认识，并更好地训练飞行员使他们能应对这种情况是非常有必要的。

关键信息：

大多数因起飞后部分动力损失而导致的致命和严重伤害事故是可以避免的。本章将表明，通过使用以下策略，飞行员可以防止或显著降低起飞后部分或全部发动机功率损失带来的人身伤害风险：

（1）针对特定机场的紧急情况和异常情况的飞行前决策和计划。

（2）完成全面的飞行前准备和发动机地面运转，以降低发生部分功率损失的风险。

（3）即使需要转回机场或紧急下降直至着陆接地，也要确保采取积极行动并保持控制飞机，同时要熟知发动机功率可能会瞬间变化及掌握飞机的失速速度。

特别提醒：

失去部分功率的不安全事件本质上具有非常广泛的特征。应对这类事件的最有效的风险防控措施是不能一概而论的，可能在不同飞行经历和接受过不同培训的飞行员以及不同机型和不一样的环境条件之间存在显著差异。

本章中提出的案例研究和提出的观点需要结合个人飞行经历、机型和机场条件进行考虑，不适用于所有情况。此外，本章旨在补充某些制造商针对这些可能情况的处置建议，存在任何方法不一致的情况时优先考虑这些建议。

图3-1　飞机起飞爬升阶段

（二）通航发动机停车问题：起飞阶段部分发动机功率损失

部分发动机功率损失是指发动机提供的功率低于飞行员设置的功率，但又高于发动机怠速下的功率。起飞后发动机部分功率损失发生在飞机离陆后初始爬升阶段，通常低于巡航高度，靠近起飞机场的离场航段。在本章中，把发动机失去全部功率之前的部分功率损失阶段也列入研究范围，此时飞行员需要按照失去部分功率的方法进行处置。

发动机功率损失的原因包括但不限于：

（1）发动机内部运转不平顺。

（2）燃油或空气进入受限造成发动机气缸燃烧不正常，通常是由于燃油不足甚至耗尽或火花塞污染所致。

（3）发动机控制部件卡阻，比如油门拉线卡阻或断裂。

2000年1月1日至2010年12月31日期间，澳大利亚运输安全委员会收到了242起在起飞后发动机失去部分功率的报告（其中9起是亡人事故）和75起起飞后失去全部功率事件的报告（其中没有亡人事故）。

发生发动机部分功率损失比发动机全部功率损失的情况更复杂和频次更高：

对于飞行员来说，发动机部分功率损失比发动机全部功率损失更复杂。飞行员在单飞前都接受过发动机失去全部动力时的判断方法和相关处置程序的培训。但是，飞行员们通常没有接受过处置发动机失去部分功率的相关培训。在发动机完全失效后，迫降是不可避免的，而在部分动力损失的情况下，飞行员面临着艰难的抉择，是继续往前飞还是立即进行迫降。

在起飞后这种部分功率损失时，飞行员的决策可能会受到发动机仍有部分功率这一事实的强烈影响，但这些部分功率可能是不可靠的。作为飞行员，可能还强烈希望返场着陆，以避免因在未知场地迫降而导致飞机损坏。在这种情况下，决策的复杂性因普遍缺乏对该问题的讨论和培训而持续增加。在处理这种问题时，更多需要依靠的是你的知识和经验。

由于部分发动机功率损失的发生频率是功率完全损失的三倍，因此飞行前计划的过程中应和考虑发动机失去全部功率一样地做好发动机失去部分功率的处置预案。

通过深入研究已有的处置发动机失去全部功率的程序方法，扩展到发动机失去部分功率的损失情况，本章将提供给飞行员在飞行前准备期间要考虑的不同选项。

本章的剩余部分以实施飞行工作流程的顺序呈现，以帮助飞行员在飞行各阶段都能考虑避免或处置发动机部分功率损失的发生。各阶段分别是：

（1）飞行前计划（重点是做好发动机失去功率的处置准备）。

（2）避免起飞后的部分功率损失。

——地面运转（预防失去功率）。

——起飞前自我简述。

——起飞过程中的检查和中断起飞。

（3）处置起飞后的部分功率损失（注意事项和保持控制）。

——迫降或预防性着陆（场内或场外）。

——转回起飞机场。

图3-2 C172飞机

（三）管控措施1：飞行前准备和自我简述

1．飞行前准备

在起飞后发动机失去部分功率时，飞行员需要在面临压力、有不确定性、高负荷和时间压力的情况下做出处置的决策。如果在飞行前的准备期间就对风向、场内或场外着陆选择、处置前后工作等因素进行了考虑，那么发生发动机失去部分功率的情形时飞行员也不会精神负荷过大。并且准备好的处置预案也会减少精神压力对决策的影响，例如避免降低短期记忆。此外，飞行员在知道自己已经没有压力和限制的情况下制定了处置方案，也能让其在紧急情况下采取行动时更有信心。

因此，我们鼓励飞行员将发动机失去部分功率的可能性考虑在内，并将处置预案作为飞行差错管理的一部分。

飞行员的飞行前准备应考虑：

（1）跑道方向和转弯的最佳方向。

（2）当时的风向和风速。

（3）地形和障碍物。

（4）不同着陆方案的决策点（考虑飞机高度和性能），例如：

—— 在剩余的跑道或机场内着陆

——在机场外着陆

——转向机场

2. 飞行前自我简述

所有单发飞机的飞行员，应和多发飞机的飞行员一样，在每次起飞前自我简述。自我简述很重要，因为它可以提醒飞行员在发生紧急情况（例如失去部分功率）时的处置方法。以下内容进一步描述了飞行前自我简述的作用。

（四）管控措施2：避免发动机失去部分功率

1．飞行前检查

澳大利亚运输安全委员会收到的大量报告表明，很多事故都存在发动机系统不正常的问题，这些问题本都可以在起飞前的可靠性检查中发现，从而避免事故发生。预防总是好过事件发生后的处置，飞行前检查是防止起飞后发动机出现不正常的重要一环。

2．飞机飞行前——机械检查

一些报告中，存在因燃料不足、耗尽或污染，导致部分动力损失，随后发动机完全失效的情况，而实际上这些都是可以在航前维护检查中通过正确的方法发现而避免的。虽然航空器的维护工作单卡都有签字确认的环节，但每次飞行前的全面检查也是非常必要的，这包括发动机和燃油系统的各零部件。

3．燃料相关的部分功率损失

确认起飞前已选择适当燃油箱，确保燃油排放口没有打开或泄漏，以及燃油盖已盖好，这些都能防止燃油相关部分功率损失事件发生。发动机喘振事件往往与因燃料原因导致的部分功率损失有关。这是一种特别不可预测的发动机功率损失事件，通常还会导致发动机完全失效。

留心加注的燃油要与发动机类型及厂家的要求一致。还有大量事件的发生是油箱选择不当和供油不足所致，在多油箱机型上要格外注意。

4．案例研究——燃料不足

驾驶塞斯纳C172的单飞学生刚起飞，便在500英尺处出现发动机抖动，随后失效，最终该学生被迫降落在附近的铁路入口公路上，所幸学生没有受伤。调查员表示，由于该学生对燃油选择器操作不正确，加上燃油选择器设计不佳，导致发动机因燃油不足而失效。

根据澳大利亚运输安全委员会收到的燃料相关事件报告的分析表明，通过以下检查可以防止部分功率损失：

（1）检查所有燃油放油口以防止有水或其他污染物。

（2）确保所有燃油放油口没有泄漏（尤其是卡口式接头要盖好锁好）。

（3）有意识地考虑起飞所需的油箱（主油箱或最满油箱）。

（4）确定有充足数量的油箱和正确的方法检查每个油箱的实际容量，例如交叉检查燃油表和油尺，而不是依赖于从单一信息源中获取燃油读数。

5．管理各种干扰因素

尽管上述操作简单易行，绝大多数飞行员都会严格执行，但在受到干扰或时间压力下可能会没有被全部执行。建议所有飞行员在飞行过程中站在这个角度考虑威胁和差错管理，或者说做好被干扰和面临时间压力的准备。例如，通过告诉乘客飞行员此时不能被打断来把受到的干扰降到最小，受干扰时多返回几个步骤以确保全部完成相关检查。

差不多有四分之一的发动机失去部分功率事件发生在飞行员在起落航线训练中执行“落地连续”操纵时。报告中的几起发动机失去部分功率事故是由燃料不足或耗尽引起的，其中一些是亡人事故。这里有一些方法能避免这些与燃油相关的事件发生，包括：即使是短途飞行也要制定燃油管理计划；要知道当油气混合比调整不在最佳状态时，可能会消耗更多的燃油。彻底理解飞机的燃油系统也很重要，例如掌握燃油量的确认方法。

6．谨慎选择不同位置的油箱

许多案例表明，燃油管路中残留的清洁燃油可以维持发动机的起飞运行，但不足以持续飞行，抬轮后不久就会出现燃油不足（例如，由于油箱选择器操作不当或选择了受污染的油箱）。进行全面的发动机试车检查有助于发现发动机和燃油系统的异常情况，防止此类事件的发生。

7．起飞前的全面试车

在完成全面的发动机和燃油系统检查后，起飞之前尽可能保持状态设置不变（除了起飞项目中为测试最恶劣情况而开关的燃油泵等）是很有必要的，以防止将任何额外风险引入飞行的初始阶段。

例如，在发动机试行时使用与起飞时相同的油箱。这有助于防止起飞后遇到与燃油相关的发动机问题。

8．发动机运转检查——遵守性能阈值

一些发动机失去部分功率的事件中，在起飞前试车的大转速运转测试中飞行员识别出发动机不正常的情况。例如检查汽化器加温时转速“下降并保持”，磁电机测试时单磁掉转范围，还有监测发动机滑油温度、压力指示在正常范围，这些都是简单而有效的能够防止发动机失去部分功率的重要步骤。此外，部分案例中还出现测试时磁电机不点火或运转不畅等情况，出现这些情况的飞机在起飞后不久便发生了发动机失去部分动力的情况。

澳大利亚运输安全委员会收到发动机部分功率损失事件的报告显示，大多数情况下是可以通过发动机运转期间转速低于正常阈值来识别发动机状况的：

（1）火花塞污染（至少19例）。

（2）汽化器结冰（至少11例疑似）和其他汽化器问题（至少11例）。

9. 案例研究——被污染的火花塞

从山地机场起飞后，很明显TB飞机的爬升功率不足，不得不降低机头以保持飞行速度。由于地形（在山谷中，被群山环绕）原因并经初步检查（磁电机、燃油和混合比），决定在作业区进行预防性着陆。在着陆滑跑过程中，飞机越过了一道栅栏，导致两个机翼被撞出凹陷，一个机轮整流罩脱落。所幸，机上四人都没有受伤。后来试车证实，事故系不同气缸的两个火花塞失效，飞机无法达到满功率，发动机运转10分钟后，火花塞工作恢复正常。尽管磁电机测试显示发动机运转平稳，但转速下降幅度大于正常值。与熟悉该地区的飞行员讨论后得知，该地区似乎存在一定程度的下降气流，这也加剧了爬升性能与满功率间的差距。

也有一些报告中有通用飞行运行不平顺的情况，但故障未能得到最后确认。

10. 案例研究——汽化器结冰

从Murray Bridge机场着陆区离场后，Jabiru（佳宝）发动机开始严重震动。飞行员使用汽化器加温后发动机性能得到改善。但在三边上发动机又开始震动。飞行员采取滑翔进近并着陆。

图3-3 机场周边的危险天气

11. 起飞简述

自我起飞简述（前面讨论过）通常在完成所有发动机试车后进行，时间点为滑行到起飞等待点之前。这是按照原计划（在之前的飞行前准备的内容里讨论过，在下文的飞行员采取行动的相关内容中还将继续讨论）的一个提醒，简要叙述飞行计划、风的情况和跑道方向等。自我简述有助于明确在异常或紧急情况下应做出的反应。一般来说，如果你在飞行前的自我简述中明确了行动计划，你就拥有更多机会“迅速反应”并能够更加专注于飞行。

12. 将发动机失去部分功率与全部失效结合起来考虑

如果发动机失去部分功率导致飞机性能下降到无法维持高度的程度，则失去部分功率可被视为发动机完全故障，滑翔距离可能会延长。

起飞简述应包括风向、风速、迫降面临的机场环境和对发动机完全失效的考虑。如果考虑返回机场，例如许多案例中报告的发动机失去部分功率的情况（主要是可以获得高度或至少可以保持高度，或者有足够的高度可用），迫降的飞行路线也要考虑，同时请记住，如果有风，在顺风时地速将增加。

13. 起飞时运行

发动机的功率异常只有在发动机试车或设置起飞满功率时才能被检查出来。防止起飞后发动机部分功率损失的重要步骤是检查满功率时的初始静态转速。此外，还要监控飞机加速滑跑和跑道使用是否符合预期。

澳大利亚运输安全委员会收到的一些事件报告显示，发动机部分功率损失的现象在起飞滑跑抬轮前就已出现，且均有明显的表现，诸如电嘴不点火、静态转速低于正常范围或加速缓慢。飞行员报告说他们注意到发动机的异常现象，但由于不确定将要发生的是发动机失去部分功率还是失去全部功率，因此还是选择了起飞。

错误地设置发动机功率，例如螺旋桨变距杆不在最前，混合比没有全富油，或没有关闭汽化器加温等，由于错过或忘记检查，也可能导致发动机部分功率损失。

14．使用全跑道起飞

如果发生发动机故障或失效，使用全跑道起飞比使用部分跑道起飞更有可能在剩余跑道或场地内着陆。

15．中断起飞

在澳大利亚运输安全委员会收到的中断起飞报告中，有许多飞行员在起飞滑跑过程中检查到发动机功率不足而中断起飞的案例。在这些案例中，跑道不同位置都出现过中断的情况。例如起飞时全功率设置后立即中断起飞；起飞抬轮时中断起飞；在抬轮时使用至少大约三分之一或一半跑道距离；落地连续起飞，在使用大约四分之一的跑道距离时飞行员发现发动机部分功率损失。

飞行员中断起飞最常见的原因是发动机运转不平顺、功率降低、静态转速低或飞机加速性能不佳。

在2000年至2010年间，发动机失去部分功率导致了24次起飞中断，其中20次没有造成伤害，4次造成人员轻伤。飞机的损坏主要发生在机翼、螺旋桨、机轮和机尾部分。

大约四分之一的中断起飞事件导致飞机冲出跑道或者为避免冲出跑道而打地转。

16．案例研究——起飞时的转速低

在正常试车和起飞前检查后，格罗布的飞行员获得帕拉菲尔德离场许可。当油门加到最大时，随后的检查发现静态转速约为2 200r/min，所有其他指示均正常。由于这低于飞机飞行手册规定的最低静态转速2 350r/min，起飞被中断，飞机从滑行道J2脱离跑道。

澳大利亚运输安全委员会收到的所有中断起飞报告表明，即使接近起飞抬轮速度中断起飞，也不会造成严重伤害。因此在起飞滑跑时，应该保持警觉，尽早发现发动机部分功率的损失情况，如果发现加速缓慢或功率降低，立即中断起飞，这可能会最大限度地减少人员伤亡。

图3-4　河滩上的飞机残骸

17．禁止盲目蛮干

许多发动机异常可以尽早发现并修复，使得对飞行的干扰最小。然而，飞行员可能会因为任务压力而忽视它。

起飞时的“只能向前”类似于明知有恶劣天气仍然要继续飞行。类似的情况还有诸如因任务压力、日落时间限制以及在提前到来的天气，在已知发动机异常或发动机性能不足的情况下仍决定继续起飞。飞行员可能过于专注于让飞机升空，以至于发生意外紧急情况时，他们也不太可能准备好迅速地采取行动。

道理很简单：如果有疑问，就不要继续。即使暂缓飞行任务并对飞机故障感到失望，也不要到了空中才想要安全回到地面上。

18．案例研究——继续推进

目击者说，在启动和滑行期间，Beech C24R的发动机听起来好像有“运转不稳”和“熄火”的声音。新南威尔士州的干砾石简易机场，飞机在起飞滑跑1000米的位置似乎加速缓慢，目击者说其多次听到“熄火”和“回火”声……几秒钟后又听到一声撞击，然后发动机就没有声音了，机上三人均受重伤。飞机撞到了离跑道延长线108米，高度8米的几棵树。飞机发动机所有气缸的顶部都安装了工作温度范围不正确的火花塞。飞机制造商和发动机制造商表示，使用这些火花塞会导致爆燃和提前点火。

（五）管控措施3：正确处置起飞后发动机失去部分功率的情况

随着发动机剩余功率的多少和可靠性不同，发动机失去部分功率的范围可以从低功率到接近满功率。当面临发动机部分动力损失的情况时，飞行员不应只顾判断发动机问题而忽视对飞机状态的控制。

1．争取高度或是缩短距离

如果发生部分动力损失或发动机故障，根据你的飞机状况和位置，保持制造商推荐的“最大上升率”或“最大上升角”速度爬升是最佳选择。即使飞机已经高于“返航”高度，采用“缓慢”爬升直至安全高度以上，也能使飞机滑翔返回的可能性更大。

在发动机失去部分功率时，首先执行以下动作。

（1）降低机头以保持飞机的滑翔速度。

（2）根据制造商的建议，进行发动机故障的初步检查。但是，只有在时间充足的情况下才需要这么做。

（3）保持滑翔速度，根据飞机性能来确定保持、增加或降低高度。这将有助于决策不同的着陆选择。

（4）根据飞机的高度和性能以及当时环境下的预先计划路线，操纵飞机着陆。如果进行转弯，请记住增加坡度时飞机的失速速度会增加。保持飞机不带侧滑将使任何转弯时的下降率最小。

必须有一个最小转弯高度，民航局建议转弯的最低高度为真高（AGL）200 英尺（参见下文）。在飞行员的计划高度以下，直线爬升直到超过最小转弯高度或直线下降着陆将是仅有的选择。

（5）任何机动动作以后都要重新评估着陆条件。要果断，但有必要时必须改变计划。

（6）降落飞机。

- 有一个最小改平坡度高度。在民航局文件中建议不要在真高200 英尺以下尝试转弯。但是，这将取决于飞机的转弯率、当前空速和个人经验。

- 保持滑翔速度直到拉平点，这将确保在拉平时有足够的能量来减小下降率。

与起飞后发动机失去全部功率的情况一样，在起飞后部分功率损失期间，不应以牺牲飞机控制为代价来判断发动机发生问题的原因。

2．案例研究——了解你的燃油系统：如果你不清楚，请不要去起飞

从穆拉宾初次起飞后PA-24的发动机失效后又恢复了全部功率，飞行员驶入低空小航线着陆。在地面运转之后，进行了第二次起飞，但在最初的爬升过程中，发动机停止运转了，飞行员放下起落架着陆。飞行员报告通过目视检查和油箱仪表指示确认燃油量低于要求的最低标准。

对数据的研究表明，起飞后遇到发动机失去部分动力时，飞行员通常可以做出三个决定：

（1）起飞后立即在机场内迫降和预防性着陆。

（2）起飞后立即在机场外强制和预防性着陆。

（3）返回机场降落：

- 返航后再次评估决定在机场外迫降。
- 在机场内迫降。

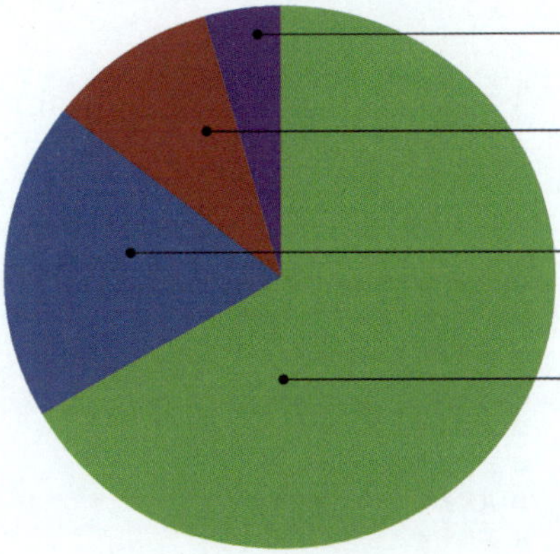

图 3-5 部分功率损失后飞行员采取的初始行动

图3-5显示了在2000年至2011年之间的242次发动机失去部分功率事件中，飞行员采取了哪些初始行动且占比为多少。该图表明，在三分之二的事件中飞行员选择返回机场。在这160起事件中，有 145起返回了起飞机场的场地内。在19%的事件中，进行了迫降或预防性着陆，尽管48次事件中有 22次在起飞后立即降落在机场场地内。在10%的事件中，飞行员在离陆前实施了中断起飞，有10起事件，飞行员似乎没有采取任何具体的初始行动，导致飞机与地形相撞，其中7起涉及某种形式的失控。

3．保持下滑速度

澳大利亚运输安全委员会事件报告显示，飞行员最初采取的行动并不一定会影响最终结果。更重要的是保持空速以防止失速并为拉平提供能量，而不是判断发动机问题。应该果断决定飞机往哪飞，控制飞机并观察环境，根据当时的情形进行处理。

所有案例中发动机部分功率损失事件的高度范围（报告的故障高度）如图 3-6 所示。

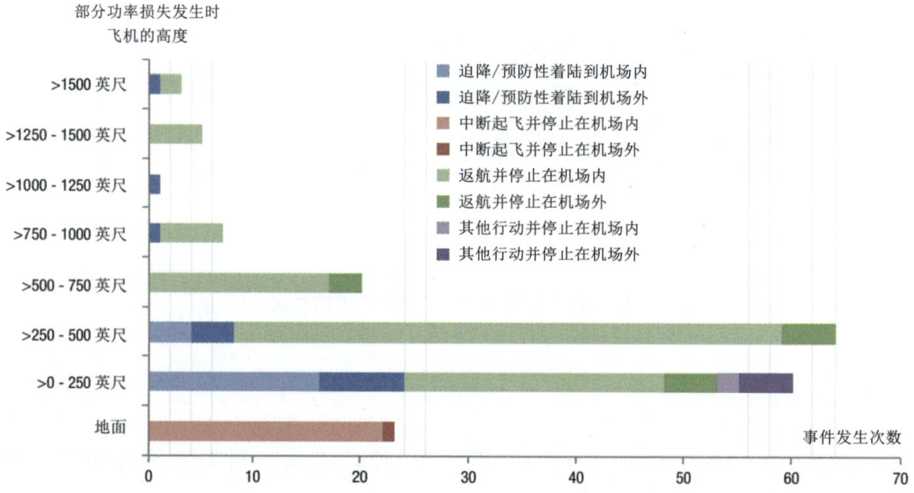

图 3-6　发动机部分功率损失的高度（在已知的情况下），采取的行动和最终着陆位置

根据图3-6显示，250英尺高度以下采取迫降的次数要多于250英尺高度，此时转回机场区域的决定占了主导。然而，由于飞机无法保持高度，并且没有足够的高度进行机动，许多迫降的操作很可能是别无选择而做出的。

4．部分功率损失后飞行员没有响应/动作

在飞行员没有采取明确行动的10起事件中，有4起的结果是灾难性的。这些亡人事故的特征通常是飞机在起飞后保持直线航迹，减速以保持高度，然后由于在无法改出的高度上失速或进入螺旋而失控，或与树木等物体发生相撞。

5. 在飞行前做出决定

在飞行前，飞行员就要做好如何处置发动机部分功率损失的行动决定。事件发生时，这些决定可以减少我们的工作负荷并帮助我们采取某种形式的深思熟虑的行动。采取此类行动将会大大降低受伤的风险。

6. 设定好预期

在飞行准备阶段，飞行员要清楚并让乘客清楚自己的预期行动计划，这有助于你采取措施并不受干扰。

在比例很少的案例中（232起事件中的 8起），虽然飞行员最初采取了果断的行动，但最后飞机仍然失控。然而，如果飞行员没有做出明确的决定和随后的行动，最终导致飞机失控的情况占比达到70%（10次中的7次）。在这些飞行员没有采取明确行动操纵飞机着陆的案例中，飞行员通常会继续飞行，直到发生飞机与障碍物或地面碰撞，或者试图通过缓慢下降保持高度随后进入失速或旋转等事故。

7. 案例研究——没有采取明显的行动

塞斯纳U206从昆士兰机场起飞，机上有飞行员和六名乘客。在大约100英尺处，飞机的表现就好像“收回油门”了一样。飞机继续直线飞行，缓慢下降然后先撞上距离机场跑道仅1千米的树，随后又撞上一座大坝。据报道，就在撞击之前，失速警告喇叭已经启动。飞机飞行路径下方就有一块平坦的场地可供全距离的着陆。

这种事件一般发生于机场标高以上50英尺到100英尺之间的高度和发动机失去部分功率却没有采取任何行动时。

8．起飞后立即在机场内迫降和预防性着陆

发生的22次起飞后发动机部分功率损失事件中，都是飞机直线或稍偏方向迫降在机场围界以内。这些事件发生在 25 英尺到150英尺之间的高度，甚至有些高于150英尺。有5次事件发生在飞机处于高于围栏高度却未到起落航线高度，但能够在另一条跑道上着陆时。

在机场内的27次迫降和预防性着陆中，2人重伤，3人轻伤。没有人死亡。研究案例的描述有一起损伤严重的事故。

在大多数立即迫降中，飞行员将飞机降落在剩余的跑道上，其中一半冲出跑道。许多冲出跑道后与围栏、灌木和排水沟等物体发生碰撞。所幸，大多数碰撞并没有导致严重的损害。

在准备飞行时，应考虑地形特征，例如在不利的区域时冲出跑道。然而，在许多情况下，这些地形特征带来的问题在紧急着陆或冲出跑道时是无法避免的。除了垂直于飞行方向的大型排水沟外（可能导致快速减速），可以使用许多办法使飞机减速，而避免造成不必要的伤害。

9．案例研究——在非常低的高度转弯导致翼尖撞地

在飞行员从班克斯敦开始爬升并收回起落架后不久，F-206的发动机就失去了动力。飞行员操纵飞机进入滑翔状态，打算在29C跑道上直接着陆。在离地高度约75英尺处，飞行员没有完全关断油门，而发动机这时又短暂恢复了动力，这就导致飞机的机头上仰并向左滚动。飞行员再次压低机头，前方只剩下很少的跑道，他选择向右转，试图将飞机降落在36号跑道上。在转弯过程中发动机再次失去动力。然后飞行员选择向左压盘并将飞机直接降落在前方。然而，没有足够的时间将机翼完全改平。由于飞机起落架呈收上状

态，右机翼高度较低，刚掠过跑道29C和跑道36的交叉点后便撞向地面。在连续撞击过程中，飞机向左旋转了180度，就像在沿跑道29C滑行一般。最终飞机严重受损，飞行员受重伤。

10．完全收光油门降落在剩余的跑道（或机场）上

据报道，在某些情况下，功率会随着发动机油门变化而发生不可预测的波动。所以大部分飞行员通过完全收光油门来确定着陆点，小部分飞行员通过减小油门来确定着陆点。

11．在机场区域内进行迫降/预防性着陆

在起飞后失去部分功率时不要立即转弯降落，以下因素被确定为可能造成人员伤亡。

（1）越早收回发动机功率，可用着陆距离就越大。澳大利亚运输安全委员会收到的报告显示，没有完全关断油门会带来非预期的空速、飞机俯仰和额外高度。原因可能是功率短时恢复，导致可用的着陆距离缩短。

（2）坡度的增加可能会导致飞机在低空失速和翼尖撞地。

（3）如果时间允许，建议立即放全襟翼，这也有助于在接地之前降低飞机的地速。然而，由于升力增加，可能会降低飞机在地面的刹车效应甚至平飘更远，尤其是在下翼飞机中。

如果确定在机场范围内以非常低的高度着陆，采取的基本行动应遵循起飞后发动机故障的训练程序。由于发动机可能会提供一些动力，因此飞行员可能会犹豫是否要完全切断动力。然而，如果飞行员决定在机场内着陆，就需要迅速采取行动，以确保最大限度的着陆距离。

12. 起飞后在场外迫降和预防性着陆

如果在起飞后还在机场范围内就发现了发动机部分功率损失，这种情形下可以继续飞行越过周边围栏。例如，如果没有冲出跑道保护区或保护区不可用，并且围界之外有合适的紧急着陆区域或场地，在部分发动机可用的情况下继续飞行可能是合适的。这种情况下应与起飞后的发动机故障的训练一起进行考虑，并应作为起飞简述的一部分。

一旦飞机起飞并过了决断点，剩余跑道或前方保护区的长度便不足以用来中断起飞，飞行员只有两个选择：

（1）在场地内实施迫降或预防性着陆，或者越过机场围界。

（2）开始转弯，意图在同一条跑道或另一条跑道（在下一小节讨论）上，或者机场区域内场地上着陆。

共有21起事件涉及飞行员在起飞后迫降或预防性着陆冲出边界。其中有1起亡人事故和3起轻伤事故。这起亡人事故是冲出围界后跌入水中所致，虽然飞机损伤最小，但1名乘客离开飞机后溺水身亡。

为了飞到场外着陆，飞行员在发现发动机部分动力损失后，实施迫降或预防性着陆的普遍高度为真高200英尺。

13. 案例研究——保持飞机可控

PA-32飞机从布兰普顿岛机场起飞，机上有一名飞行员和四名乘客。起飞至400英尺高度时，飞机的发动机功率明显降低并开始振动，尽管发动机没有立即熄火，飞机柔和压坡度向东转弯以靠近海岸，没有选择往回转。飞行员沿着波浪降落在水面上。在与水面的碰撞时，飞行员的头部撞到了仪表板防眩罩，飞行员一只眼睛软组织挫伤，一名乘客手指骨折，但其余乘客没有受伤。

14. 执行场外着陆

澳大利亚运输安全委员会收到的事件报告表明，在飞行员利用剩余功率建立进近时，应该做好发动机立即失效的准备。

同样，在部分发动机功率损失事件中，发动机能保持的功率是不可靠的。因此，像发动机完全失效一样，实施迫降或预防性着陆可能是有利的，因为它可以防止某些发动机功率的变化和不可靠，特别是在有合适的可用着陆场选择的情况下。此外，所有飞行员都经过专门评估和培训，以应对起飞后发动机完全故障。

15. 使用飞机结构和周围环境来减少伤害

在远离机场区域但飞机需要迫降的情况下，面对一个不适合减速停止的区域，飞行员应该尽可能地降低飞机的速度。应谨记：保护乘员使他们免受伤害应该是飞行员的首要任务，而不是防止飞机受损。

在这种情况下可使用起落架或飞机结构（例如机翼）来吸收撞击障碍物时的能量，这也是可以成功地使飞机减速的方法。避免机身与固体物直接接触也可以降低严重受伤的风险。

16. 在部分功率损失后返回机场

由于受城市发展的影响，许多机场在起飞后没有设计有利地形用来紧急着陆，因此另一种选择是小心地转弯后迫降。

如果在失去部分功率后，还有足够的剩余功率以维持高度，则有可能在机场内安全着陆，前提是飞机沿飞行路径随时有场外着陆的地方。在许多情况下，可能是不合适返航的。还应考虑其他额外危险，例如：其他飞机、障碍物、不利风向、在低空转弯期间增加的失速风险和周围难以预料的地形。

17．案例研究——间断功率导致飞机失控

一架PA-32飞机的飞行员报告内容为：使用昆士兰州汉密尔顿岛的14号跑道离场，飞机上载有一名飞行员和五名乘客。据许多目击者称，起飞后不久便听到发动机“喘振”“停车”和之后“重启”的声音，然后看到飞机开始右转，最后听到发动机发出“爆燃”和“停车”的声音。在转弯过程中发动机再次发出“停车”声，飞机下降并撞向地面。飞机上六人受致命伤。根据目击者报告调查得出结论：飞行员急速右转导致飞机在无法改出的高度下失速。

图3-7　山坡上的飞机残骸

18．做好发动机失去部分功率后返航的计划

需要着重注意的是，良好的返航计划管理的一部分是在完成返场着陆前要随时做好在场外迫降的准备。一个好的返航计划管理不应让航空器处于比在场外迫降更危险的状态。此外，返航机场区域的特点和标准因机型而异，在提前准备时应予以考虑。评估是否有可能返航机场的四个主要考虑因素是：

（1）可用高度。

（2）剩余的可用发动机动力——是否有足够的动力爬升？

（3）坡度增加时失速速度会增加，气动失速的风险也会增加。

（4）对发动机剩余功率有信心——但也要假定发动机可能随时完全失效。

考虑是否有足够的动力来保持高度或有足够的动力返回，但是，要假定发动机随时会完全失效，并为迫降做好准备。

在部分动力损失期间，发动机动力是不可靠的，会影响飞机返航和到机场区域安全着陆的可能性。但是，不应以牺牲控制飞机为代价来判断发动机的问题。相反，保持空速和寻找机场外的着陆场地更为关键，这会降低因发动机功率不稳定和衰减所带来的风险。

返场着陆的“决策”应考虑以下内容：

（1）应确认飞机将飞越的地形是否比直线着陆更好或更差，在转弯时的任何一点着陆时的地速是多少（在计划中考虑，发动机失去部分功率的事件发生时风速会改变转弯轨迹）。请记住，当由顶风转向顺风时，地速将增加两倍的逆风分量。

（2）保持飞机的下滑速度。不要试图通过降低空速来保持高度。转弯时，损失空速换取高度的情况下，失速的风险更大（特别是在发动机功率不

稳定的情况下）。在转弯时，飞机的下滑速度要在失速速度的基础上留有裕度，柔和地转弯和机动，为拉平提供足够的能量。即使飞机在下降，也应该保持这个下滑速度。

（3）为转弯设置一个最大坡度，牢记不同坡度对应的下降高度，还要明确机翼上增加的负荷。请注意，在给定下降率的前提下低于某个高度时将无法返回机场，并且发动机状况可能随时发生变化。要清醒地认识到低高度时转弯的风险。

（4）设定机翼改平的最低高度以保证飞机有足够的时间完成着陆形态。无论在转弯的哪个阶段，都不要试图通过增加坡度角的方式来提高转弯率——民航局推荐改平机翼高度至少为 200 英尺，但是，应根据个人技能、经验和判断力以及当时情况来确定这个高度。

（5）飞行员应该专注于飞机控制，并不断评估如果发动机完全失效情况下返航着陆的可能性。例如在转弯航迹各点要关注如果发动机完全失效时能否完成返场着陆。民航局建议使用85%的精力用于扫视环境，10%的精力用于检查飞机姿态（包括外面），5%的精力用于扫描高度和空速指示。

19．案例研究——快速行动

“根据管制指令和农林作业许可，我从利斯莫尔机场15号跑道起飞并右转，随后发现发动机功率波动异常，可能与燃油有关，但打开燃油泵后发现发动机运行平稳。我选择利用剩余功率从500英尺左右立即下降并180度转弯，然后降落在 33 号跑道上。着陆后的系统检查没有发现任何异常，只发现匆忙起飞时选择的油箱的燃油比较少。想到过程中Fletchers 的燃油系统会因当燃油低于油箱的 1/4 时发生发动机功率波动的情况。因此我选择了满油箱，之后的飞行再没有出现类似问题。我重回跑道，继续完成了当天的农林作业计划。”

如果对情况重新评估显示飞机实际下降率大，可能无法完成返场着陆时，则应按照预先计划迫降。

如果进行返场着陆，在转弯期间需要考虑以下事项：

（1）请根据高度的损失关注坡度角以获得最佳转弯率（45度），但是请注意失速速度增加了大约19%。由于阻力增加，为了保持飞机的下滑速度，机头需要降低。

（2）注意转弯中飞机要高于所有地形。

（3）如果发动机性能下降，请随时准备改出转弯并选择直线着陆。

如果发动机功率发生波动，则很可能会完全失效，因此需要格外小心，并随时对空速保持警惕。

图3-8　空中转弯

20. 部分功率损失后返场着陆的其他注意事项

根据澳大利亚运输安全委员会事件统计数据显示，约66%的飞行员在起飞后发动机失去部分功率时选择返航，其中的94%事件未造成人员伤亡。19%的发动机失去部分功率事件实施了迫降或预防性着陆，其中81%的事件未造成人员伤亡。虽然两种情况的死亡率/重伤率接近。但与返场着陆相比，迫降事件中功率损失更严重（包括无法保持高度的迫降，并且在理论上无法进行返场着陆）。

4起亡人事故和1起重伤事故是由于飞机在返回机场的过程中发生气动失速和螺旋而失控撞地所致。实施返航需要在高压力期间准确飞行，以防止失速和可能发生的螺旋。如果发生气动失速或失速后螺旋，这时飞机很可能处于低高度，成功改出的可能性很小。通过小心控制飞机并警惕可能导致失控事件的风险，可以降低发生失速/螺旋事故时带来的危害。

结合许多机场被城市发展所包围的事实，即使在足够高度或足够功率的情况下，对于地面和空中的人员而言，返场也可能比迫降或预防性着陆更危险。

21. 案例研究——对决策重新评估，决定返场后改为场外迫降

飞行员报告说，在从Colac ALA起飞后不久，Beech A36 的发动机发出一声巨响，当时飞机大约离地450英尺，发动机在巨大的振动后失去部分功率。飞行员表示，他对情况的初步评估是，可以完成一个低空小航线飞行以便将飞机落在机场跑道上。而当飞机明显不能保持高度时，飞行员最安全的选择是将飞机降落在前方的场地上。飞行员报告说“着陆比平时重”，在着

陆滑跑过程中，飞机前轮液压机失效，前起落架向后折断，螺旋桨打地，所幸飞行员和两名乘客都没有受伤。飞机运营商的维修调查显示，发动机振动和动力损失是由发动机后部的气缸顶端破裂所引起的。该飞机的功率损失发生在低高度，这限制了飞行员对迫降场地的选择。

22．决定返场但还是在场外迫降

有15起发动机部分功率损失事件中的飞行高度无法维持到让飞机返回机场。其中三起事件导致人员死亡，涉及飞机失控；其中四起事件导致人员重伤，而这四起重伤事故中又有三起涉及硬着陆，这表明了在接地前始终保持空速对拉平和改平坡度的重要性。另一起重伤事故涉及在低于制造商建议的水上高度拉伞，导致飞机以近乎垂直的姿态进入水中。

影响上述事故的因素是在小速度或大坡度机动时没有保持足够的空速来拉平飞机。飞行员需尽早重新评估当下情况是否允许继续飞行，否则应改平坡度拉平飞机落地。

23．决定返场并在场内着陆

有145起发动机失去部分功率事件的接地点（着陆或撞地）是在场内，其中包括1起亡人事故和1起重伤事故。在这起亡人事故中，飞机功率波动异常，有着较丰富经验的飞行员在操纵飞机转弯过程中失去控制没有改出。另外1例重伤的事件中也涉及在大坡度转弯过程中飞机失控。后文中还将讨论失控的相关问题。

其中有50例发动机失去部分功率事件是在返航时使用另一条跑道着陆所致。在进行飞行前准备时要有使用另一条跑道的考虑，如果离场或运行的机场符合这类情况，这将有机会减少所需的转弯量以及返回场地的飞行距离。

飞机要想成功降落在机场，通常要有足够的动力来保持高度或爬升，以驶入航线返回起飞跑道。无论如何，失去部分功率返场时要有足够的高度来下降转弯。

24．失去控制

在242起发动机失去部分功率事件中，有15起发生了飞机失控。这些失控事故中有一半以上导致了死亡。致命的失控事故主要是仓促减速导致气动失速和螺旋造成的，通常的原因是飞行员试图延长滑翔距离或保持高度，或者进入大坡度转弯。坡度的增加使失速速度也随之增加。

下面列出这些事故表现出所特有的问题。

（1）发动机功率不稳定（喘振），特别是对于高推重比飞机，会导致飞机俯仰产生意外变化，进而导致飞机机翼的迎角随之增大。

（2）发动机功率不稳定和其他问题导致飞机产生中等程度的功率输出，是导致飞机失控亡人事故产生的主要原因。这很可能使飞行员难以判断飞机能否保持高度或转弯。避免这种情况发生的方法是要循环检查空速和坡度。

（3）一些事故飞机只有视觉失速警告系统，而没有安装失速警告指示器。此外某些飞机，特别是上单翼飞机，由于其水平安定面和升降舵上的气流分离而引起的空气动力学抖振现象受到限制或不存在，导致飞行员难以在第一时间发现飞机失速。

（4）流过机翼的附着气流在小于最佳速度时分离，并且迎角越大相对的阻力就越大，问题就越严重。

25．检查空速和坡度角

最严重的后果通常发生在发动机失去部分功率后（飞机缓慢下降或为保

持高度增加迎角导致空速下降），而不是几乎完全失去动力时（飞机很明显无法保持高度）。如果飞行员试图滑翔更远、着急转弯或保持高度，请检查空速指示器。如果空速为滑翔速度继续减小，则要压低机头，如果需转弯，则需减小坡度角并重新考虑着陆选择。

在发生发动机失去部分功率时应采取相应行动，并且飞行不能太远，了解飞机特有的性能将有助于降低失控带来的风险。循环检查下滑速度和坡度，并进行柔和的平衡机动，将有助于防止失控，这是脱离困境的最好方法。

26. 案例研究——失控

一架Lancair 360飞机正在班克斯敦机场进行起落航线飞行。这是该飞机在进行维修后的首次飞行。据目击者称，飞机在一次通场后实施落地连续离陆后不久，估计高度在100到400英尺之间，便听到发动机发生故障的声音，几乎在同时，飞机在不到500英尺高度大坡度右转，随后听到发动机动力恢复的声音，但听起来断断续续的。大约在转过90度后，飞机快速改出转弯到机翼水平，然后再次向右转弯。随后飞机在飞行员无法改出的高度上失速了，目击者看到飞机向右增加坡度并急速下降。飞机撞上滑行道，最终飞行员受重伤，飞机损毁。

根据澳大利亚运输安全委员会收集的亡人事故调查结果，下图3.3显示了起飞后发动机失去部分动力后的概念性风险。当功率损失量接近完全损失时，飞行员可能很容易识别情况的严重性，并采取与总功率损失预期类似的行动。在曲线的另一端，剩余的发动机功率允许飞机爬升，飞行员有更多选择，例如缓慢爬升到航线高度或小心地返回机场，同时保持下滑速度和高度。

起飞后因部分功率损失导致失控的所有致命事故中的飞机发动机（九起亡人事故中有八起）都有平均中等功率损失。其中包括发动机从高功率到低功率不稳定以及持续的中等功率损失。由于飞机无法在不降低空速的情况下保持高度，在这两种复杂情况同时存在时容易使飞行员选择牺牲空速来保持高度——这不可避免地导致了飞机失速。解决方案是操纵飞机转弯时保持下滑速度，而不要超过计划的坡度，必须在最小计划高度前改平飞机坡度。

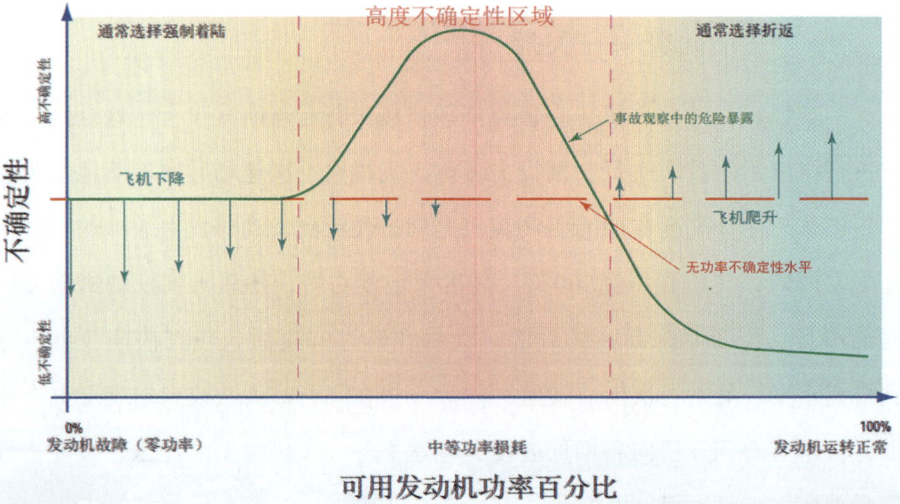

图3-9　按功率损失量划分的决策不确定性

（六）小结

1．飞行前检查可防止发动机失去部分功率的发生

澳大利亚运输安全委员会事件统计表明，许多发动机失去部分功率事件可以通过彻底的飞行前检查来避免。事件报告中起飞后发动机失去部分功率的情况是油料不足、火花塞污染、汽化器结冰和提前点火等所致。许多案例中，这些情况都有可能在飞行前准备和起飞检查阶段被识别出来。

2．飞行前计划和起飞简述

即使起飞后确实发生了发动机失去部分功率的情况，按照起飞前安全简述中保持飞机操纵等预定行动计划来实施，能够让飞行员领先一步立即采取行动。行动计划的选择包括中断起飞、在机场内立即着陆、在机场外着陆以及返回机场。

3．保持飞机可控

如果没有其他选择，保持下滑速度，根据个人最低安全裕度设定一个最大转弯坡度，并确保在执行返场着陆的过程中不会超过该值。在整个机动过程中准备好对形势进行重新评估。

四 在目视飞行规则下进入仪表气象条件

（一）背景介绍

与天气相关的通用航空事故仍然是航空安全方面最值得关注的事故类型之一。这些事故往往造成人员伤亡等后果，由于这些事故是可以避免的，所以更加令人惋惜。

尽管飞行员在目视飞行规则（VFR）下进入仪表气象条件（IMC）的危险性已广为人知，但是仍有执行目视飞行规则的飞行员在恶劣天气和仪表气象条件下进行飞行。在2009年7月1日至2019年6月30日的十年间，澳大利亚运输安全局收到了澳大利亚空域发生的101起在目视飞行规则下进入仪表气象条件的事故报告。其中，9起亡人事故共计造成了21人死亡。换而言之，约十分之一的该类型事故会导致人员死亡。

数据统计表明飞行中进入仪表气象条件可能发生在飞行的任何阶段。然而，在2005年澳大利亚运输安全局研究出版的《通用航空飞行员应对恶劣天气的行为》一书中指出：随着飞行技术的发展，在目视飞行规则下进入仪表气象条件的事件越发频繁，而最后20%的飞行距离中更容易发生此类事件。

本章介绍了一系列与天气相关的通用航空事故，这些事故表明天气并不是影响飞行员做出误入仪表气象条件决策的唯一原因。这些调查报告一直强调：制定周密的飞行前计划是防止在恶劣天气中飞行的最佳防御措施。

澳大利亚运输安全局提醒所有飞行员，无论他们的经验水平如何，都要掌握在仪表气象条件中应急改出所需的知识和技能。在天气发生意外变化时应制定备用计划，并及时做出返航、改航或在天气良好地区等待的决定。使用“个人最低标准”检查单也可以有效地降低飞入恶劣天气的风险。检查单可以帮助飞行员更加清楚地识别安全风险。

图4-1 机场周边的危险天气

（二）通航目视误入仪表问题1：飞行准备不足

起飞前，飞行员必须研究适用于预期操作的所有可用信息，包括当前的天气预报。这也是《一般运行和飞行规则》中的一项要求，并在航空资料汇编中反复出现。

除了飞行准备中需考虑的正常要素（例如飞行任务需携带的起飞油量）外，飞行计划还应包括预测飞行中的异常情况，并准备异常情况的处置措施。

起飞前，做飞行计划可最大限度地减少飞行中的决策错误，因为它消除了飞行过程中出现的不可预见因素。如果未执行飞行前计划，可能需要飞行员在巨大的压力下做出决策，这种情况下做出错误或者不当决策的概率将大大增加。

1．案例研究——无处可逃

2008年12月，一架塞斯纳C172飞机执行目视飞行规则，从新南威尔士州（NSW）马奇飞往新南威尔士州格伦因尼斯附近，机上有一名乘客。尽管目视飞行评估表明马奇机场的天气条件适合起飞，但飞行员并没有提前获取给与本次飞行任务相关的航空气象预报。

起飞后约15分钟，前方天气恶化，飞机上方和下方的云层增加，云底降低。为评估前方天气情况，飞行员开始爬升并到靠近云顶的位置。飞行员注意到前方云层在不断堆积且伴有雷暴，于是决定远离云层。飞行员没有选择返航或备降，而是通过云层中的一个缺口进行目视下降，同时继续朝着预定的目的地飞行。

当飞机处于平飞状态时，飞行员意识到飞机已经下降到一个封闭的山谷中，该山谷被东、西和北侧的山脊线围着。在山谷上空飞行一段时间后，飞行员决定返航。

在返航操作过程中飞机进入云层，然后飞行员迷失了方向，导致飞机与地面相撞。最终，此次事故导致飞行员重伤，乘客死亡。

图4-2 在云体边缘飞行

该事故的经验教训如下：

飞行员避免在目视飞行规则下进入仪表气象条件的关键风险管控措施之一是进行适当的飞行前准备和计划。飞行员在飞行前及飞行期间应及时获取最新天气资料。并且，当处于边缘天气时，飞行员更需要加倍获取相关信息并制定备份计划。请牢记乘客们总是相信飞行员能对安全飞行做出负责任的决定。

2. 案例研究——危险的着陆

2010年10月，一架吉普斯兰航空公司GA-8飞机在塔斯马尼亚州弗林德斯岛的巴伦夫人机场执行包机飞行。当日预报的天气条件为多云，云底高度下降到距海平面500英尺。这对于执行目视飞行规则的飞行来说属于边缘天气。然而，飞行员在地面时错误评估云底高度在1 000英尺和1 500英尺之间。

在起飞后的爬升过程中，天气条件持续恶化并低于目视飞行条件。飞行员遵守不成文的操作规则，即保持最低1 000英尺的高度，继续爬升进入仪表气象条件，并失去对地面和地平线的所有目视参考。

该飞行员没有在仪表气象条件下飞行的资质，但他却选择在仪表飞行中继续飞行几分钟以期望能飞出云层，可是未能如愿。于是飞行员操纵飞机向右转弯并决定返航巴伦夫人机场。飞行员参考飞行仪表控制飞机，但当他准备进行180°调头转弯时，因未转到预定航向，从而飞向了斯特泽莱基国家公园的高地。

飞行员在目视飞行规则下驾驶飞机进入山谷，既无法转弯也无法进行爬升。因此，他选择在树木上方进行迫降，并尽可能地减慢飞机的降落速度。幸运的是，最终仅有一名乘客受轻伤，飞行员和其他五名乘客未受伤。

图4-3　严重变形的机舱

该事故的经验教训如下：

如遇恶劣天气，应在进入云层前返航或改航。对于非仪表等级的飞行员，即使他具备基本的仪表飞行操纵能力，在仪表飞行下仅参考主要飞行仪表来操控飞机也会大大地增加其工作负荷，这可能会导致飞行员注意力分散和情景意识的逐渐丧失。

3．案例研究——不要放任，立即降落

2015年11月7日17：30左右，一架空客直升机EC135从新南威尔士州的布里扎起飞，这架搭载着两名乘客的私人飞机按照目视飞行规则飞向新南威尔士州特里希尔斯。

在里德尔煤矿西南方向约40千米处，飞行员可能遇到了恶劣天气并飞向海岸。目击者看到直升机飞越瓦塔甘河谷，朝地势较高的方向飞去。随后观察到直升机返回并降落在山谷中的一块空地上。

图4-4　天气变差时——优先着陆

在地面上等待40分钟后，飞行员在恶劣天气情况下起飞并向东爬升。因飞行员不具备仪表飞行资质，所以只能按照目视飞行规则飞行。约7分钟后，在距离着陆点以东约9千米处，飞机与地面相撞。事发约36小时后，警方展开了搜救工作。2015年11月9日傍晚，应急救援人员发现直升机残骸。飞行员和两名乘客重伤。

图4-5 EC135直升机

澳大利亚运输安全局发现：（1）飞行员可能在能见度降低的情况下失去目视参考，导致飞机与地面相撞；（2）机上安装的固定紧急定位发射器已被拆除，取而代之的是需要手动激活的个人定位信标，虽然在这次事故中，对机上人员而言，它不会对事故后果产生任何影响，但由于个人定位信标未被激活，加上没有飞行任务信息通报，导致应急救援工作展开受阻。

该事故的经验教训如下：

为了避免在恶劣天气或仪表气象条件下飞行，飞行员需要制定周密的飞行计划。在天气条件意外恶化的情况下及时制定备份计划，并做出返航或改航的决定。对于按照目视规则飞行的飞行员来说，在仪表气象条件下，由于目视参考减少导致飞行员遭遇空间定向障碍的风险很大。当这种情况发生时，无论飞行员的飞行经验和操纵水平如何，都会受到巨大的影响。在无意中进入仪表气象条件时，飞行员要积极联系空中交通管制员寻求帮助。

（三）通航目视误入仪表问题2：空间定向障碍

为了保持自身相对于环境的方向感，飞行员依靠多个感官系统来确定或保持方向，其中包括：①视觉系统；②前庭系统：从内耳的平衡器官获得信息；③躯体神经系统：利用皮肤里的神经、肌肉和关节上的本体感觉来感知身体上的重力和其他压力。

到目前为止，视觉系统是这三个系统中最重要的，它提供了约80%的原始方向信息。在目视参考减少或丢失的情况下（比如在恶劣天气下），飞行员会丢失高达80%的正常方向信息，并被迫依赖剩下的20%信息（平均分配在前庭系统和躯体神经系统间）。在缺乏目视参考的情况下，这两种感官都容易产生严重的错觉和偏差，而这种错觉是飞行员无法避免的。

当飞行员看不见地平线时，他很快就会迷失方向。当大脑接收到来自躯体神经系统的矛盾或模糊的信息时，它会处于一种混乱的状态，这种状态会使飞行员执行错误的操纵，最终导致飞机失控。

伊利诺伊大学的模拟器实验数据表明：没有接受过仪表飞行训练的飞行员在进入恶劣天气并失去目视参考后，飞机可控的时间平均只能保持178秒。

1. 案例研究——云雾笼罩

2009年12月，贝尔206L直升飞机在新南威尔士州多里戈上空飞行，并在目视飞行规则下执行火情观察、空投水弹、人员运输任务。在事故发生前，直升机起降点区域的云量在目视飞行规定的最低云量附近波动。

这位经验丰富的飞行员回忆说：在最初的起飞过程中，他为了更好地观察天气，首先操纵直升机进行低空盘旋，抵舵转弯360度，随后确定一个合适的起飞方向。飞机在低空盘旋时，发现天气比在地面上看起来要好，所以他选择爬升到约100英尺的高空盘旋。

图4-6 坠毁现场

飞行员说在盘旋期间，他花了几秒钟查看驾驶舱内的仪表状态，当注意力再次转向舱外时，他丢失了目视参考和情景意识。随后，他错误的操纵导致了直升机失控。直升机在失控状态下与地面相撞，飞行员与乘客均遭受重伤。

该事故的经验教训如下：

即使是短暂的外部目视参考的丢失也会导致空间定向障碍、错误操纵及飞机失控。当地平线不够清晰，无法通过目视参考来控制飞机时，如经常在边缘目视气象条件下飞行，无论飞行员的飞行经验和操纵水平如何，他们都是空间定向障碍的潜在受害者。

2. 案例研究——坠入大海

2021年3月，Bell206直升机执行空中游览任务。事发前执行了2个架次的空中游览作业。16：35，直升机起飞。两分钟后，直升机坠海。机上2名飞行员和2名乘客全部遇难，直升机损毁。调查发现，2名当事飞行员均不具备仪表等级。

图4-7 被打捞的飞机残骸

据机场观测实况数据显示：16：00时能见度大于10千米。但午后，由于海陆效应，风向从偏西转向东南风，将海面的雾和低云往陆地方向推动。16：00后，事发地东部沿海能见度呈快速下降趋势。根据现场视频资料显示，事发时坠机地点存在低云天气，海平面受平流雾影响。

经调查，造成此次事故的主要原因是：直升机在目视飞行过程中意外进入海上平流雾仪表气象条件，飞行员失去目视飞行参考依据，产生生理错觉，导致空间定向障碍，失去对直升机状态的控制，脱离平流雾底部后距离海平面高度不足，来不及修正改出，直升机失控坠海。

图4-8　直升机坠海瞬间

该事故的经验教训如下：

在按照目视飞行规则执行飞行任务时，飞行员应该坦然接受因天气变坏而不得不返航或改航的结果。天气往往不像天气预报所反映的那样，飞行员必须有可用备份计划，并且必须准备好使用它们，即使这意味着要返航。

在预报的边缘天气飞行时，详细的飞行前计划至关重要，必须包括对最新天气预报的全面分析和对可用备份计划的深思熟虑。飞行员应该在飞行途中实时评估飞行计划，确保备份计划切实可行，为安全着陆提供保障。

（四）通航目视误入仪表问题3：个人限制

飞行员在决定飞行是否安全时，不仅要考虑飞行航线、当前天气和航空器的故障，还应考虑自己的身心健康和飞行经验。换句话说，要成为一名合格的飞行员，必须清楚的是要在自己的能力范围内飞行。

遵守飞行前的“个人最低标准检查单”将对飞行员的安全飞行有很大帮助。例如，如果你已经提前决定最低目视飞行高度，那你就能更容易地决定是否需要返航或者改航。这个最低高度可能比法律规定的更保守，安全裕度更大。

1．案例研究——恶劣环境

2008年9月，塞斯纳C206飞机从新南威尔士州的班克斯敦起飞，经由新南威尔士州的斯康，飞往昆士兰州的阿奇菲尔德。持有私用驾驶员执照的飞行员在事故当天早上购买了这架飞机，并被告知该飞机应该沿着海岸飞往阿奇菲尔德，以避免任何天气问题。不过，该飞行员表示，他打算去看望在斯康的朋友。

飞机降落在斯康机场后，飞行员和他的朋友小聚，随后查看了后面的飞行计划，另一名飞行员称当时的天气很糟糕。据报道，这架飞机在未到达预定目的地时就失踪了。第二天，在地势崎岖的山脊上发现飞机残骸，位于斯康机场东北偏北约56千米处。飞行员和两名乘客的受伤严重。

调查结论为飞行员在遇到不适合目视飞行的恶劣天气时试图返航回斯康，事故的情况与飞机在仪表飞行条件下进入可控飞机撞地（飞机事故中的常见类型）相一致。

经确认，天气预报和实际天气情况均不适合在计划航线上进行目视飞行，有低云、阵雨和大风。飞行员在起飞前可能没有查看天气预报。在当时的盛行天气条件下，选择的航线不合适。

该事故的经验教训如下：

尽管飞行员在班克斯敦起飞前和在斯康机场都查看了天气情况，但他并未了解下一段飞行航线的天气预报，忽略了下一段飞行中可能出现的安全风险。显然，飞行员在恶劣的天气条件下继续目视飞行是十分危险的，丢失高度或能见度降低都会让其无处可逃。

图4-9 C206飞机残骸

2．案例研究——冷静的好处

2007年6月，塞斯纳“大篷车”水上飞机从西澳大利亚州的布鲁姆机场起飞，按照目视飞行前往西澳大利亚州的塔尔博特湾。机上有1名飞行员和10名乘客。

飞行约40分钟后，天气状况恶化，飞行员选择返航。在返航过程中，飞机进入能见度降低的区域后导致飞行员无法目视看到地平线。当飞行员操纵飞机恢复目视气象条件飞行时，其迷失了方向。

这名没有仪表等级签注的飞行员使用通用航空无线电广播发出了援助请求。该请求被另一架飞机的机组收到，机组最初建议“大篷车”的飞行员集中精力使用姿态指示器保持飞机方向。在确认“大篷车”飞行员参照仪表保持飞机姿态后，参与援助的飞机机组建议“大篷车”设置巡航动力，并参照垂直速度指示器保持平飞。

参与援助的飞机机组报告说，在建立无线电初始联系约五分钟后，“大篷车”飞行员恢复了镇定，并告知他们正保持平飞。飞机继续飞往布鲁姆机场，期间，飞行员下降了高度并穿过云层，获得了目视参考并安全着陆。

该事故的经验教训如下：

由于飞行员及时做出了请求援助的决定，以及另一架飞机的机组提供了适当的指导，才避免了此次事件造成更严重的后果。如果飞行员发现自己在边缘天气条件下遭遇空间定向障碍或迷失方向，可寻求任何有用的帮助。特别是在管制雷达覆盖范围内，管制员可以提供有用帮助。

由于进入恶劣天气时，许多飞行员会选择下降高度来保持目视飞行。此时飞机会遇到许多危险，除了地形危险外，下降高度还可能导致雷达信号和无线电通信丢失。为了使飞机安全着陆，飞行员必须保持飞机可控。能够做出180度的转弯，并且在必要时爬升到安全高度，这就要求飞行员必须熟练掌握基本的仪表飞行机动技能。这些飞行技能是在私照飞行训练阶段中获取的，如果飞行员不定期练习，他们就会遗忘这些飞行技能。

图4-10 塞斯纳“大篷车”水上飞机

3．案例研究——个人最低标准检查单

2017年6月16日，塞斯纳172飞机从昆士兰州南安普敦的梅森领域飞往新南威尔士州的巴利纳机场。此次飞行目的是在2017年6月17日飞机维修到期之前将飞机运送到巴利纳进行定期维修。

在新南威尔士州邦加罗镇附近的途中，飞机进入能见度较低的区域，包括低云、雾和小雨。飞机偏离了最初的航线，最后一次被看到时向内陆飞去，消失在云层中。不久，飞机与地面相撞，飞行员受了重伤。

澳大利亚运输安全局发现：起飞前的决定使飞行员面临能见度降低的风险。遇到这种情况时，飞行员可能会遭遇空间定向障碍，导致飞机失控并与地面相撞。调查还发现，尽管天气条件恶劣，但飞行员为了完成预定的飞行任务，很可能承受着一定程度的自我压力。

该事故的经验教训如下：

通过识别风险因素、包括边缘天气条件和只在能力范围内的环境中飞行，目视飞行规则的飞行员应使用“个人最低标准检查单”来帮助其控制和管理飞行风险。

个人最低标准检查单是飞行员根据自己的知识、技能和经验，决定是否飞行、在何种条件下飞行或继续飞行的一套规则和标准。作为个人的“飞/不飞”检查单，可以帮助飞行员在飞行前和飞行过程中做出艰难的决定，在情景要求和飞行员技术水平之间起到安全缓冲的作用。

图4-11　事故现场

（五）小　结

飞行员的决策，特别是与天气有关的决策是复杂的，并且没有单一的解决方案来消除目视飞行转仪表气象条件飞行发生的事故，但通过采取某些措施可降低这一运行过程中产生的重大风险。

澳大利亚运输安全局在《提升胜算：私人飞行中的亡人和非亡人事故趋势》的报告中指出：在私人飞行中，大部分亡人事故是由飞行员的评估和计划问题引发的。该报告鼓励所有飞行员考虑以下策略：

（1）飞行前做出决策。

（2）持续评估飞行状况（特别是天气情况）。

（3）评估计划的有效性。

（4）建立个人最低标准。

（5）评估身体状态是否适合飞行。

（6）将飞行安全作为首要目标。

（7）作为飞行前计划的一部分，深入了解航线和目的地情况。

此外，熟悉飞机的系统、操纵和限制可避免飞行员在非正常条件下出现不良操作。最后，飞行员需要保持警惕，遵守规章制度，防止其在飞行前准备和飞行实施过程中出现差错。

五 航空燃油管理

（一）背景介绍

航空燃油管理是保障通航安全运行的重要环节。安全飞行取决于发动机可靠的动力。尽管在确保飞机发动机的可靠性上花费了大量资金和精力，但仍然需要可靠的系统来确保发动机始终可以获取所需燃油。

随着我国通航“放、管、服”工作的进一步推进，新兴的通航企业如雨后春笋般出现，在“十三五”期间，我国传统通用航空企业有509家，运营航空器有2 913架，分别较“十二五”末增长了81.1%和30.3%。虽然我国从2010年到2020年未发生由于航空燃油管理原因导致的通航事故，但是通过对国外通航事故的研究，航空燃油管理仍是通航安全管理中不可忽视的安全因素。2015年到2019年的几年间，美国发生由于航空燃油管理原因导致的通航事故347起，其中亡人事故41起。在2015年至2019年报告的燃油耗尽事故中，大多数（占82%）事故导致飞机陆上迫降或水上迫降（但无死亡或者重伤）。相比之下，在报告的燃油不足事故中，只有46%的事故导致了飞机迫降，而22%的事故导致了飞机备降或者返场落地。然而，在这5年中，有11起坠机的事故，共导致10人死亡，18人重伤。

现有数据表明，由于燃油管理不善而导致燃油短缺的可能性是燃油耗尽的三倍，而且最有可能发生在私人运营和包机运营中。燃油不足的事件通常涉及配备多个油箱的飞机，发现问题时飞行员首先会判断是发动机故障，而极少考虑到燃油供应不足的问题，这导致飞行员考虑到了更多的选择，而不仅仅是考虑迫降（例如燃油耗尽事件）。这种情况下，飞行员会面临因选择错误而产生致命结果的安全风险。

在飞行的任何阶段，都可能发生燃油耗尽或燃油不足的情况，大多数报告的事件通常发生在巡航、下降、进近和着陆阶段。而有四分之一的燃油不足事件发生在滑行、起飞和爬升阶段。

本章讨论了飞行员在飞行前和飞行过程中可以使用的程序，在不使用备用燃油的情况下，确保飞机有足够的燃油可以降落在目的地机场。但是它并没有讨论保证燃油质量的程序，例如检查所有燃油排放活门是否有污染物或者是否使用了经批准的燃油，也没有讨论燃油系统的完整性措施，例如关于燃油加注口盖密封件的维护。

本章将研究飞行过程中燃油停止进入发动机的两个主要原因：

（1）燃油耗尽，油箱中没有剩余可用燃油的情况；

（2）燃油供应不足，尽管飞机有足够的燃油，但当发动机的燃油供应中断时，就会发生燃油供应不足的情况。

准确的燃油管理首先要确保飞机在飞行前携带的燃油量，从而知道飞机油箱是否加满或是否填写了加油单。如果油箱未加注到计划油量，则需要采用另一种方法来确定可用燃油量。

其次，准确的燃油管理还依赖于燃油消耗量的计算方法，许多因素都会影响燃油流量，例如功率改变、使用非标准燃油倾斜技术，或者巡航高度的改变。如果不加以考虑和适当地管理，飞行员可能会逐渐减弱对剩余可用燃油的情景意识。

在飞行过程中，保持发动机的燃油供应取决于飞行员对飞机燃油供应系统的了解，取决于是否可以熟练地使用飞机的燃油供应系统。遵守程序，保留飞行期间燃油选择的记录，并确保在降落到目的地之前选择合适的油箱，将减小在飞行的关键阶段出现燃油不足的可能性。

（二）通航燃油管理问题1：燃油耗尽

当飞机在飞行结束前用完可用燃油时，就会发生燃油耗尽。燃油耗尽的发生通常是由于飞机在飞行前加油时出现了严重的错误，或者是飞行过程中在燃油计划和管理方面出现了一些失误。

燃油耗尽的事件通常发生在目的地附近，如果发生在飞机即将着陆时，那么飞行员只有很少的时间来处置这种情况。

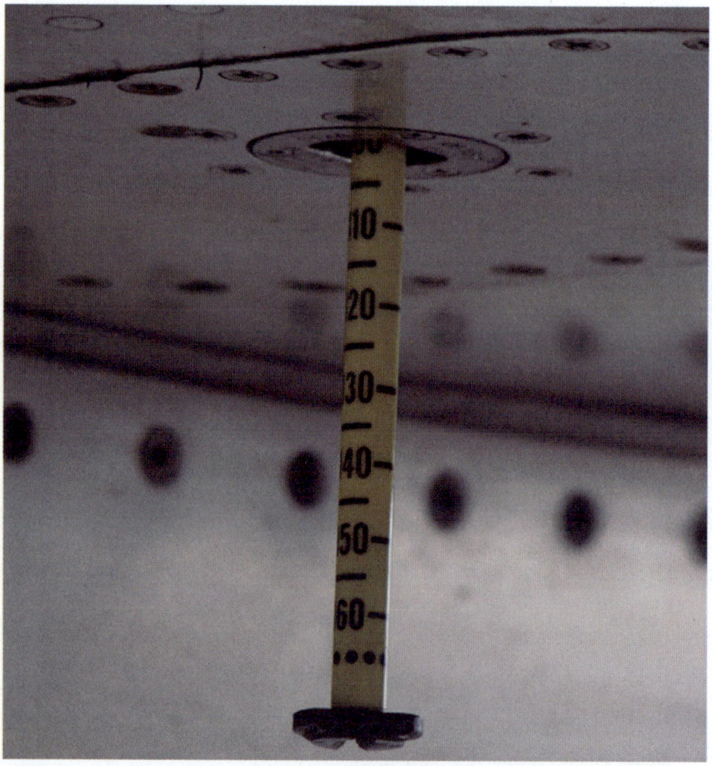

图5-1　量油设备

某些类型的飞行通常只携带足够飞行所需的燃油，几乎没有余量。飞行学校开展的飞机训练和滑翔伞运行只能在两到三次飞行后为飞机加油，因此加油前的最后一次飞行可能会有较少的燃油余量。包机运营可能会使用最少的燃油进行飞行，因为飞机的盈利能力取决于携带最大的有效载荷的多少，这就意味着其不会携带不必要的燃油。这种操作将更容易造成飞行员对机上燃油量的了解不准确。然而，在所有类型的航空运营中都有可能会发生燃油耗尽事故。主要由于在飞行前准备阶段他们对飞行信息缺乏了解（包括机上的燃油量和燃油消耗率），从而导致事故的发生。

如果飞行员在起飞前确定了飞机上的燃油量，那么出现燃油耗尽的可能性就会降低。这就需要使用多种参数对燃油量进行交叉检查，包括：

（1）油量表。

（2）量油尺。

（3）燃油流量表/燃油累加器。

（4）根据以往的加油和燃油使用情况进行计算（定期检查准确性）。

机上的燃油量不应被视为数量，而应被视为飞行时间。在高度、功率设置和混合比设置的共同作用下，燃油消耗应是恒定的，但由于空中风对飞机地速的影响，从而会改变飞行时间。飞机的燃油状况应至少每小时更新一次，以确保有足够的燃油储备。

如果一架飞机携带的燃油只满足计划油量，却遭遇到意想不到的逆风，那么飞机可能不得不在较低的高度飞行，这就过多消耗了它的燃油储备。这些备用燃油是供紧急情况下使用的，许多飞机使用了部分备份燃油后安全抵达目的地，但同时飞机的燃油也已达到了最低燃油量。

以下案例研究将介绍一些用于评估燃油量和飞行期间燃油使用情况的方法。

1．在启动前了解机载燃油

（1）案例研究：燃油信息的来源。

2014年6月，一架载有一名飞行员和四名乘客的贝尔206直升机在距离目的地还有五分钟行程时，一个燃油增压泵的低压警告灯短暂亮起。但是此时飞行员认为飞机有足够的燃油完成飞行，所以他选择继续飞行，最终飞机失去动力。随后飞机迫降在地面上，过大的下降率对直升机造成了严重损坏，并导致一些乘客受伤。一名乘客在着陆时拍的一张照片显示油量表指示仍有可用燃油，但实际上燃油却已耗尽。

随后对直升机及其燃油系统的检查表明油量表可能读数过高。在计算飞行所需添加的油量时，飞行员过分依赖油量表读数，而没有使用其他方法将该读数与实际油量进行交叉检查。

该事故的经验教训：

飞行员在他并不知道燃油量指示是否出现故障时，仅依靠油量表来评估燃油量。如果没有使用第二个燃油信息来源进行交叉检查，飞行员无法确定油量是否正确，只能单方面认定油量表指示的就是正确的剩余燃油量。

图5-2 事故现场（一）

（2）案例研究：油量信息的精准度。

2010年4月，一架飞机在进行加油后的第五次飞行时，发动机因燃油耗尽而失去动力，随后迫降在公路上，飞机严重受损，但机上唯一的一名飞行员并没有受伤。这名飞行员报告说，他曾用量油尺评估飞机是否有足够的燃油，油量表也提供了类似的油量指示，显示油箱大约半满。不幸的是，该飞行员使用了一种不正确的量油尺使用方法，导致对机上燃油的读数过高。此外，仔细检查飞机的飞行和燃油日志就会发现，油量表和量油尺指示显示的燃油实际使用量是预期使用量的一半。

该案例的经验教训：

民航局的调查显示，许多因素对涉及此次燃油耗尽事故的飞行员不利，其中一些因素超出了他的控制范围。

将量油尺读数和油量表指示进行交叉检查是发现燃油量错误的有效方法，并且只需经过快速心算就会发现燃油量指示与预期的燃油使用量之间存在的显著差异。这一差异会提醒飞行员可用燃油量出了问题。

图5-3 事故现场（二）

2．了解飞机燃油消耗率

（1）案例研究：不同的功率设置导致不同的燃油消耗率。

2015年3月，一架罗宾2160飞机磨合完新检修的发动机之后返场，在即将抵达目的地机场前，发动机失去动力后坠毁在郊区的一条街道上，飞行员轻伤。飞行员报告说他通过高功率来进行发动机磨合，但实际上设置的却是正常功率下的燃油消耗率，飞机燃油耗尽的时间与高功率模式下的燃油消耗率相对应。

该案例的经验教训：

飞机飞行手册提供的数据显示在标准功率设置下混合比贫油位的燃油消耗率，如果使用了这些设置，对剩余燃油的评估应该是正确的。然而，即使是发动机操作技术的一些微小变化，例如发动机倾斜或转速的小幅增加，也会对燃油流量产生很大的影响。

如果飞机不能显示燃油流量，则只能通过设置一致的功率来得到对应的燃油流量（假如在飞行时遭遇了燃油紧张，为了安全起见，使用这些设置是非常必要的）。

图5-4 事故现场（三）

（2）案例研究：燃油计划未考虑意外延误。

2011年6月，一架塞斯纳C172飞机沿着海岸向南飞行。飞行员在起飞机场加满燃油。起飞45分钟后，由于飞行途中天气变得恶劣，飞行员决定返回起飞机场。当天晚些时候，天气好转，飞行员再次起飞，飞往目的地机场。飞行员报告说，他在飞行中遇到了强烈的逆风。由于飞机在到达目的地前耗尽燃油，导致发动机失去动力，最终在郊区迫降时坠毁。

如果燃油被认为是“油箱中的时间”而不是数量，那么改航或者遭遇更强劲的逆风都不会影响飞行剩余时间。

该案例的经验教训：

飞行计划是根据预期的航路条件制度订的。监控飞行进程可以帮助飞行员评估飞机是否保持足够的燃油储备，并保证其能在飞行条件发生变化时及时做出决断。

图5-5　事故现场（四）

（3）案例研究：不切实际的燃油计划。

2008年4月，一架PA44-180飞机执行航行训练科目。早上6：30，机组对飞机进行了检查，目视确认左右油箱均在满油状态，燃油质量合格。6：50飞机启动，参与训练飞行。11：35，飞行教员完成前3批次学员训练任务。11：37，飞行教员在未补充燃油的情况下，仅通过燃油油量表确定左右油箱油量均约为20加仑，随后再次起飞进行航行带飞训练。12：38，飞机在距离机场30海里的位置返航时，右侧发动机抖动，机组初始判断可能是油质或供油不畅导致的发动机异常，遂使用左油箱交输供油。12：49，飞机在距离机场7海里，高度 900 米时，双侧发动机同时停车。机组在返场过程中判断飞机不能进场，决定寻场地迫降。12：52，飞机成功迫降在麦田里，机组二人未受伤，自行撤离飞机。

该案例的经验教训：

此次任务执行时间跨度高达6小时，中间未补加燃油，存在训练飞行执行“一锅油”的粗犷运行管理模式。在飞行实施过程中，飞行教员及学员对模拟式油量表读数的读取不准确，无法有效控制飞机剩余燃油量安全裕度，在燃油使用的边缘状态进行飞行活动导致燃油最终耗尽。

（三）通航燃油管理问题2：燃油供应不足

以上这些情况有时又被称为“手指问题”，即飞行员没有“用他/她的手指”选择剩余燃油较多的油箱。也许我们应该看一下飞行员为什么一开始没有做出正确的选择，从而对我们更有帮助。

飞机的燃油系统越简单，越不容易选错油箱。塞斯纳C150飞机的每个机翼都有一个独立的油箱，并且燃油选择非常简单——“打开”或者“关闭”。虽然塞斯纳C172飞机和塞斯纳C182飞机的燃油系统相似，但燃油选择器有四种选择：关闭、同时打开两个机翼油箱或者选择打开左/右机翼油箱。相比之下，派珀单发训练飞机每个机翼都有独立的油箱，但每一次只能选择一个。

一旦有可供选择的油箱，选择空油箱的概率就会变大，油箱的数量越多，出错的概率就越大。当飞行员在工作负荷较低的巡航阶段忘记切换油箱，或者当飞行员在着陆前忘记选择合适的油箱时，风险就会增加。尽管飞机飞行手册中通常会规定用于进近和着陆时的油箱选择，但只有在飞行员确保所需油箱中有足够的燃油可供着陆时，这一程序才会被成功遵循。

这些风险最好可以通过严格使用标准程序、燃油日志和检查单来管理。如果一名飞行员纪律严明，总是记录更换油箱的时间，那么关于是否切换油箱的任何疑问都可以通过燃油日志来解决。如果忘记切换油箱，那么会有足够的信息来确定如何重新平衡燃油量。燃油日志的使用将在之后的案例研究中讨论。

1. 飞行前燃油计算

案例研究：不同的燃油计算，错误的信息来源。

2012年6月，一架载有31人的巴西利亚涡轮螺旋桨飞机在即将着陆时其左侧发动机失效，飞行员选择了复飞，大约12分钟后飞机着陆。

供给左侧发动机的油箱没有剩余燃油，并且油量表指示器由于机械故障导致其读数超出范围。虽然存在其他计算燃油量的方法，但都没有得到有效应用。

① 飞机配备了一个燃油累加器，可以显示飞行过程中消耗的燃油量，但大多数机组人员通过计算“起飞时的总燃油量”和“飞行结束时剩余燃油量”之间的差值来获得燃油消耗量。用于此计算的两个燃油量最初都来自于油量表而不是独立的燃油累加器，因此无法提高燃油信息的可靠性。

② 油箱很少加满油，减少了机组准确判断油箱中燃油量的机会。这在通常考虑最大有效载荷的包机运行中很常见。

③ 燃油计量单位从升转换为千克时，使用了错误的燃油密度。这种转换是飞机燃油管理的一个正常部分，产生了大约2%的误差。

④ 安装在飞机上的“无滴测量尺”不是用来解决燃油差异的。相反，燃油量的差异通常与辅助动力装置使用的未记录的燃油相一致。

可以使用多种方法来评估这架飞机的燃油量，但是，这些方法已加以修改，因为它们都是以最初从油量表获得的信息为基础。过分依赖燃油量指示系统的准确性和可靠性，意味着当燃油量指示系统出现故障时，机组人员可能不会意识到发动机燃油不足的问题。如果在飞行前用安装在飞机上的“无滴测量尺”反复检查燃油量指示系统，问题就会暴露出来。

虽然此次事件中飞机燃油并未耗尽，但暴露出的问题如不及时解决，很容易导致燃油完全耗尽。

该案例的经验教训：

在飞行开始时准确了解飞机的燃油量对于任何燃油临界操作来说都是至关重要的。所有后续评估均源自该初始参数。如果只使用一种燃油量测量方法，那么就无法确定该系统是否正常工作，因为无法将该信息与其他任何信息进行比较。

独立的燃油量交叉检查提供了一个更可靠的系统，可以了解在飞行开始时飞机携带了多少燃油。

图5-6　空中国王350飞机

2．在正确的时间选择正确的油箱

（1）案例研究：没有选择。

2011年6月，一架比奇A36飞机在距离机场跑道约1千米的林地坠毁，飞行员受伤严重。这架飞机配备了四个油箱：两个主油箱（每个机翼上各有一个），每个机翼上还各有一个翼尖油箱，翼尖油箱的使用仅限于巡航阶段。飞机的残骸中有证据表明每个主油箱都有足够的燃油。飞行员写了一份燃油日志，表明其在达到巡航高度时选择了左侧翼尖油箱，而当左侧翼尖油箱油量几乎耗尽时其又选择了右侧翼尖油箱。而后飞行员很可能从巡航高度下降之前没有选择主油箱，导致了右侧翼尖油箱在低空时燃油耗尽，同时没有足够的时间来恢复发动机的燃油供应。

该案例的经验教训：

虽然在巡航阶段使用了翼尖油箱，燃油日志也证实了这一事实，但在进近前使用下降前检查单可确保飞行员选择正确的油箱，降低发生燃油不足事件的概率。如果在低空时燃油耗尽，飞行员几乎没有机会让飞机恢复动力。

图5-7 事故现场（五）

（2）案例研究：使用独立油箱存储备份燃油以备不时之需。

2013年4月，一架派珀切诺基六号飞机进行海岛间的包机载客运行任务。当时这架飞机正在进行六次飞行中的最后一次飞行，在加完油后其载着四名乘客刚刚起飞准备返回麦凯岛，突然此时发动机失效，飞行员在水中迫降，没有人受重伤。最后他们被直升机从水中救出。

这架飞机使用了四个油箱：两个主油箱和两个翼尖油箱。在任何时候发动机只能从一个油箱中获取燃油。公司的燃油政策是在翼尖油箱中携带飞行燃油，并在每次飞行时交替使用翼尖油箱中的燃油，备用燃油分别装在两个主油箱中。

飞机的燃油管理系统在逻辑上似乎是安全的，但是在最后一次起飞时飞行员却没有选择从燃油量最大的油箱中供应燃油。由于此次飞行任务计划消耗了几乎所有的机载燃油，所以基本上没有补救的余地。而且飞机在下次加油前会进行6次起飞和着陆，导致飞行中充满了各种不确定因素。燃油流量的增加、飞行时间的延长或者不正确的燃油箱选择，都会影响所选翼尖油箱中剩余的燃油量。该系统也不具备容错能力，因为飞行都是在相对较低的高度进行的。这就意味着，如果翼尖油箱耗尽导致动力失效的话，飞行员几乎没有时间切换到任一主油箱来恢复发动机供油。

该案例的经验教训：

可供选择的油箱越多，选择油箱时犯错和选择错误油箱的可能性就越大。对于忘记更改燃油选择，或者不确定是否记得更改燃油选择等情况，可以通过严格使用燃油日志来记录燃油的使用情况。飞行员的大脑可能会忘记，但如果燃油选择被记录下来，那么观看燃油日志可以作为一个有效的提醒方式。同样，遵守检查单也能有效地提醒飞行员。

图5-8 打捞的飞机残骸

（3）案例研究：发动机失效的错误判断。

2010年7月的某天，一架派珀纳瓦霍人PA-31飞机正在进行一次包机业务，将乘客运送到一个矿场。返程时，机上只有飞行员一人。当飞机下降时，两个发动机都出现故障，此时飞机还有大约10分钟才能到达目的地。最终，飞机在一个树木稀少的地区迫降，飞行员重伤。

这种飞机有四个油箱，每个机翼有一个主油箱和一个外部油箱。在正常情况下，油箱向安装在同侧机翼上的发动机提供燃油。外部油箱通常用于长途飞行的巡航阶段，而主油箱用于其他所有飞行阶段。

在这次飞行中，飞行员在巡航时选择了外部油箱，在飞行的最后阶段，飞行员计划在使用完外部油箱中的所有燃油后再选择使用主油箱。尽管飞行员预计其很快就会更换油箱，但他并没有预料到会遭遇一台发动机的燃油耗尽而导致发动机失效的情况。飞行员尝试重启发动机，但在重启时并没有将燃油选择器切换到燃油足够的主油箱。当第二台发动机失去动力时，飞行员尽量保持对飞机的控制，并做好了迫降的准备。

事故发生后，飞行员仍然选择外部油箱进行燃油供应。虽然两个外部油箱中都没有燃油，但是每个主油箱中都有足够的燃油来完成飞行。飞行员报告说，他将最初的动力损失判断为发动机故障，而不是归结为燃油不足的问题。

该案例的经验教训：

如果在进场下降之前选择合适的油箱，并确保油箱中有足够的燃油供着陆使用，那么出现燃油不足的风险就会降低。对配备多个油箱的飞机，在下降前检查，飞行员会进行这项工作。因为一旦驶入起落航线，繁忙的飞行任务就会让你很容易忘记更换油箱。

图5-9　事故现场（六）

3. 飞行前油箱选择

（1）案例研究：起飞前选择几乎空的油箱供油。

2013年8月，一架派珀 PA31-350酋长飞机执行包机任务，机上有一名飞行员和六名乘客。当飞机起飞后爬升通过5 000 英尺时，右侧油箱低燃油警告灯亮起，随后右侧发动机失去动力。飞行员开始改航飞往附近的备降机场，然而大约1分钟后，左侧油箱低燃油警告灯亮起，左侧发动机也失去动力。飞行员别无选择，只能迫降到空地上。飞机受损严重，但无人受伤。

这架飞机的油箱布局与派珀纳瓦霍人飞机相同，但驾驶舱燃油选择控制不同。主油箱在飞行前已经加满，外部油箱几乎是空的。事故发生后，观察到主油箱是满的，而外部油箱是空的。

飞行员操作手册要求在飞机起飞前将燃油选择器选择到主油箱。然而，公司的正常程序要求飞机在起飞前进行发动机试车检查时，需要将燃油选择器选择到外部油箱，以确保飞行前外部油箱的燃油供应是正常的。

这种情况与飞机使用几乎空的外部油箱供油直到油箱耗尽的情况一致。

该案例的经验教训：

飞行员需要熟练掌握飞机系统和飞行程序，并确保其能接受足够的培训，能够安全处置意外的燃油管理问题，直至飞机安全着陆。然而，飞行员最好使用标准操作程序（SOP），并且需要严格地执行检查单以避免这种情况发生。

图5-10 事故现场（七）

（2）案例研究：大型飞机的飞行员面临同样的问题。

2007年8月，一架波音737-400飞机正在执行从澳大利亚西部的珀斯出发飞往新南威尔士州悉尼的定期航班。飞行大约2小时40分钟后，飞机主油箱燃油泵的低压主警告灯亮起。机长发现顶板前方的中央油箱燃油泵开关被放在了“OFF”位置，他立即将其选择到“ON”位置。

调查发现，主油箱的油量不足，只有大约100千克。当主警告灯亮起时，中央油箱内载有约4 700千克燃油。在主警告灯亮起51分钟后，飞机继续按照飞行计划航线飞行并降落在悉尼机场。

在这类飞机的大多数飞行中，整个飞行过程只需要使用主油箱中的燃油即可。然而在从珀斯飞往悉尼的长途飞行中是需要使用到中央油箱的。在剩余的飞行和着陆过程中，应该首先使用中央油箱中的燃油，然后再使用主油箱中的燃油。

虽然调查发现这起事件是由多个因素造成的，然而与本书描述的其他事件一样，此次事件是由于飞行员没有认真执行飞行前检查单，飞行员并没有注意到中央油箱燃油泵开关没有处于打开位置，和在飞行途中机组检查燃油状态时并不认真所致。

该案例的经验教训：

面临燃油不足和燃油耗尽风险的不仅仅是单人制运行的飞行员，包括多机组飞行员在内的所有飞行员，无论他们的飞行经验水平如何深厚，都依然容易受到人为错误及其后果的影响。

（四）小 结

当飞机燃油剩余量很少，着陆时飞机上只有备份燃油时，更容易发生燃油耗尽。在这种情况下，需要特别注意燃油管理中的细节。通过研究，我们可以使用以下方法来减小发生燃油耗尽的可能性：

（1）在飞行前使用多个信息源来验证飞机上的燃油量。

（2）使用统一的程序，定期检查并掌握准确的燃油消耗率。

（3）时刻保持警惕，确保发生意外延误时，飞机上仍有足够的燃油。

燃油供应不足通常发生在所选的油箱耗尽时。除了与燃油耗尽相关的因素外，我们还可以通过以下方式进一步降低发生燃油不足的可能性：

（1）确保飞行员完全熟悉在正常和非正常情况下的燃油系统操作。

（2）严格遵守飞行前程序和飞行前检查，确保飞机在起飞和着陆前选择正确的油箱。

（3）在飞行期间使用燃油日志记录每个油箱的燃油使用情况。

（4）在着陆前选择合适的油箱，并确保油箱有足够的燃油用于着陆。

六

过度依赖飞行经验

本章节将告诉我们：飞行员的经验并不总能防止飞行事故的发生。

（一）背景介绍

在我们熟悉的机组人员事件中，飞行员们凭借丰富的飞行经验和高超的飞行技术，避免了可能会发生的致命灾难和不幸。

2009年1月，机长切斯利·萨伦伯格与他的副驾驶驾驶美国航空公司空客A320从纽约拉瓜迪亚机场起飞。起飞后不久，飞机两个发动机遭遇鸟击失效，凭借机长丰富的飞行经验，机组成功将故障飞机迫降在哈德逊河上。机体没有受损，漂浮在水上，机上乘客和所有机组人员全都获救。

2010年11月，澳航的空客A380飞机刚从新加坡樟宜机场起飞，就遇到了一台发动机无法恢复的失效危机，在理查德·德·克雷斯皮尼机长和机组人员努力下，最终将严重受损的飞机安全降落在新加坡机场，避免了一场可能发生的严重灾难。

2018年5月，一架四川航空的空客A319飞机执行在重庆飞往拉萨的飞行任务中。在9 800米高空，驾驶舱右侧风挡玻璃破损脱落，瞬间失压一度将副驾驶吸出机外。在驾驶舱失压，气温迅速降到零下40多摄氏度、仪器多数失灵的情况下，英雄机长刘传健凭着丰富的飞行经验、过硬的飞行技术和良好的心理素质，成功处置了该起世界级航空险情。

除了以上几位经验丰富的机长外，还有很多飞行技术突出的个人表现，这里“经验”显然在最终取得安全的结果中发挥了重要作用。同时，通过对近期事件的分析发现，除了单纯的飞行经验外，还有一些其他方面的因素对安全结果发挥了更大的作用。包括良好的训练、专心的准备、非预期状况的预先准备，以及机组之间很好的的配合等。遗憾的是，媒体并未报道这些其他因素，因此给人们留下的主要印象是这为他们（机长）个人的丰富经历产生的结果。

同样，在那些不幸的亡人事故中，也是许多因素共同作用产生的结果。但每当事故涉及一位经验丰富且广为人知的飞行员时，媒体对该事故报道的热情就会很高。虽然这也能引起人们对灾难的关注，但之后不够全面的媒体报道却并未帮助人们彻底了解导致事故发生的具体情况。

以下事故案例选自中国民用航空局（CAAC）、美国国家运输安全委员会（NTSB）、澳大利亚运输安全委员会（ATSB）等真实存在的档案记录，这些案例证明了这样一个事实：仅凭经验并不能防止事故的发生。

亡人事故也会发生在经验丰富的飞行员身上，下文的例子便能很好地说明这一点。在这些事件中，经验丰富的飞行员在飞行任务中承担了更高的风险。事实上，在这种环境下他们的飞行经验并不能帮助他们避免事故发生，从另外一些事故调查报告中得知，经验丰富的飞行员甚至会做出一些导致不必要风险出现的决定。该报告还提供了一些关于为什么仅凭经验并不能防止飞行员遭遇事故的见解，具体观点如下：

（1）仅凭经验永远无法降低高风险事件出现的概率。

（2）合理的决策和经验不是一个意思。

（3）不建议使用先导经验来缓解潜在的操作风险。对于一位具备资质能力的飞行员来说，如果风险不可接受，那就不能指望有经验的飞行员通过其他方法来识别。

（4）遵守3C原则：服从、沟通和自信。因为经验无法克服人类身心的制约。

（二）通航人为因素问题：过度依赖飞行经验

这个常见问题表明安全和经验是一回事，但遗憾的是，情况并非总是如此。有时候，有经验的飞行员也会发生事故。

经验丰富的飞行员被认为是专家，能将知识、技能和熟练程度有机地结合在一起，良好的飞行技能和纪律让飞行获得安全高效。托尼·克恩在他的《飞行纪律》一书中，将专业飞行员描述为“…了解自己、团队、飞机、身体、管理和组织因素的优势和不足，以及与飞行相关的多重风险。”上文的介绍仅提到了几个例子，表明在紧急情况下，以往的经验、团队合作以及对飞机、系统和操作环境的熟悉度是非常重要的。

然而，从本章中列举的一些事故中可以看出，经验丰富的飞行员接受更高风险的飞行时，可能还不如经验少得多的飞行员在其能力范围内有裕度地飞行更安全。从另一方面看，自满、分心、误判和疏忽等人为差错反而更容易在经验丰富的人员身上出现（虽然这些意外很少出现）。所以，充分理解导致这些事故发生的原因，能使那些单纯认为仅凭经验就可以避免事故发生的飞行员受益。

某位飞行员对经验和事故的看法如下：

作为一名年轻且缺乏经验的飞行员，让我印象最深的飞行事故发生在一位飞行经历比我多得多的有经验飞行员身上。在我早期的飞行生涯中，我一直接坚信会面临更大的危险，因为与经验丰富的飞行员相比，我的飞行技术不高且处理突发情况的信心不够。尽管接受过训练，可一旦发生紧急情况，我很容易不知所措，不像我脑海中一名有经验的飞行员那样，可以游刃有余地处理。我总是担心自己会做出错误的决定，尤其是在重压之下。

我相信，一旦获得了足够的经验，我就会少一些担忧，因为我将会通过掌握更多的技能和知识来避免事故的发生。同时，随着经验和资历的积累，也能够消除我对事故的许多担忧。我听过其他飞行员描述他们是如何从近乎灾难的事故中逃生的，并意识到其实许多都是故事，且每个故事都经过修饰，目的是让其他人感受到他们在面临危险或不幸时的高超技巧或超凡勇气。

然而，一些发生在有经验飞行员身上的事故打破了有经验飞行员拥有一层额外自我保护的幻想，甚至让我怀疑也许飞行员（在面临事故发生时）的弱点是由命运而非经验或能力决定的。而当我阅读了大量有关航空安全的事故报告和文章后，让我对导致有经验和没有经验的飞行员发生事故的原因均有了更好的了解。

后来在我的职业生涯中，出现了一种理解这些问题的新方法，它被称为“人的因素”。我首先在英国作家和现任国际航空公司飞行员大卫·比蒂上尉的《飞机事故中人的因素》一书中学到了这种方法。它是由飞行员所写，供飞行员所用。读这本书的体验就像一个揭秘的过程，我逐渐能够理解为什么一些有经验的飞行员也会发生事故的看似有些矛盾的原因了。因为80%的飞机事故的起因仍然归结于人为因素，其中涉及非常有经验的飞行员。

凭借“多年的智慧”以及对事故原因更深入地探究和理解，我现在意识到仅凭经验并不能保证不出事故。每一次飞行都不应该是带着缺乏经验时的那种焦虑，而是带着对存在的风险和危险的重视和敬畏。

（三）通航人为因素事故1：致命的相撞

2008年2月26日，两架空中拖拉机（Air Tractor）502在新南威尔士州维瓦市北偏东10千米处发生空中相撞，这就是一个巧合而不是经验能影响结果的例证。

图6-1　事故现场（一）

其中一架空中拖拉机的飞行员是一位经验丰富的农业飞行员，其在35年或更长时间的职业生涯中积累了超过14 000小时的飞行经验。他当时正在一个距离另一家农业运营商的飞机跑道3千米远的田地进行空中喷洒作业。该飞行员不知道的是，那天早上另一名农业飞行员也在使用该跑道作业。在第二次喷洒飞行作业进行到一半时，飞行员在一次喷洒飞行的南端执行程序转弯时，在离地面约200英尺的地方与另一架飞机几乎迎面相撞，而那架飞机也刚好离开附近的跑道。两名飞行员均受重伤，另一名飞行员的飞行时长也超过了8 800小时，两架飞机在撞击后坠地损毁。

尽管事故发生时的能见度报告为“良好”，但两名飞行员都没有充足的时间观察到另一架飞机以避免碰撞，因为农业飞行员在离地面几米的高度作业时，是没有机会扫视到冲突飞机的。一般在飞行过程中，飞机如在离地面200到300英尺的高度转弯，飞行员会集中精力精确地调整飞机，为下一段飞行做好准备，而不会四处寻找其他飞机。基本上，他们只能依靠其他飞机的飞行员在空中喷洒作业执行期间保持与他们的作业区域的距离来避免冲突。

离场飞机的飞行员不知道那天早上另一名飞行员打算在机场跑道附近进行喷洒作业，同时不幸的是，他和喷洒员都没有看到或听到飞机在附近运行。当他和他的喷洒员想要给飞机补充燃料时，飞行员一直保持飞机发动机的正常功率往回转。因此，他们没有看到或听到附近喷洒作业的飞机就在他们预计飞行的轨迹上。该飞行员可能认为产生空中冲突的可能性不大，因为他并不是在另一家运营商的跑道末端附近进行的操作。可见，经验并不能弥补飞行员这一情景意识的不足。

空中相撞使两架飞机完全失控，这时再丰富的飞行技巧也不能让飞行员重新获得些许的飞机控制，以保证其能够在地面撞击中幸存下来。最终，其中一架飞机撞击地形的方式使其结构能够承受撞击，而另一架飞机则没有能够承受。受到严重冲击后，人体（安全装置约束和保护姿态）承受冲击力的能力还取决于人的健康状况、体力、力量和年龄。

该案例的经验教训：

即使是经验再丰富的飞行员，也容易受到飞机空中相撞的影响。可以认为，在空中待的时间越长，就越有可能涉及这样的事件。飞行中，即使是单人飞行，也需要关注他人。因为其中许多人的经验可能要少得多，但他们共享一片空域和地面设施。

在飞行中尽管遇到另一架飞机的机会微乎其微，但也不是完全没可能。既然你可以飞到那里，自然其他人也可以。面临这种危机时，应用无线电将飞行员的飞行意图传达给他人，并尽量不要依赖一种冲突规避方法。除了使用无线电广播之外，还可以通过其他方式实现“目视避让”警报。

（四）通航人为因素事故2：飞行检查时的悲剧

2013年2月7日，一名局方授权检查员（ATO）正在对一名前航空公司飞行员进行多发仪表等级考试，考试用机为一架双发山毛榉76（公爵夫人），考试时间为夜间。在新南威尔士州卡姆登落地连续起飞后不久，ATO设置了模拟一发失效。考试申请人无法从飞机上获得足够的爬升性能，并请求ATO重置全功率。片刻之后，飞机的右机翼在离场跑道的末端剐到了一棵树，随后飞机冲向地面，与钢筋和混凝土建筑相撞。虽然撞击并不严重，但油箱破裂并起火，两名飞行员在猛烈火势中疏散逃生。尽管已烧伤，但考试申请人幸存了下来，ATO因严重烧伤后来在医院不治身亡。

图6-2　事故现场（二）

该局方授权检查员是一位非常有经验的飞行员，并持有航空运输驾驶员执照（ATPL）。在超过45年的职业生涯中，他的总飞行时间超过40 800小时。他的飞行任务包括军用的和民用的，驾驶的机型有喷气式飞机和旋翼飞机。他还拥有一级飞行教员等级以及考试员的授权和许多培训、检查的授权。而考试申请人持有航空运输驾驶员执照，总飞行时间超过16 000小时，其中大部分飞行时间是在航空公司的飞行中任务中获得的。

调查结果认为，因为无法获得对障碍物的目视参考，在当时的高度上设置模拟发动机故障是无法确保安全飞行路径的，在照明不足的黑暗环境中，更是无法看到并避开障碍物。当ATO恢复另一台发动机的全功率时，飞机已经偏离跑道中心线，而且由于高度太低，无法避免与位于该跑道超障面外的树木相撞。

调查过程中发现，夜间低空模拟发动机故障既与ATO起飞前的简述相悖，也与航空知识手册相悖。该手册建议不要在夜间进行低空不对称操作。该安全建议源于之前在低高度、不对称、夜间训练期间发生的多起致命事故。

该案例的经验教训：

仅凭经验是永远无法替代健全的风险管理。安全规则和指南是为所有飞行员编写。

认为经验可以弥补超越安全界限约束的操作是非常错误的。

（五）通航人为因素事故3：没有备份计划

2000年8月8日，一架塞斯纳206在昆士兰州凯恩斯以北的水域上空从雷达上消失，而飞行员正在接受雷达引导以便可以在恶劣天气和黑暗中着陆。

飞行员是一名经验丰富的一级飞行教员，飞行生涯超过22年，拥有超过13 000小时的飞行时长，其中大部分时长是在北昆士兰地区以目视飞行规则（VFR）为主的飞行训练和包机飞行中获得的。其持有夜间目视飞行等级，并持有仪表等级，但仅适用于NDB仪表进近，而且已超过有效期。

飞行员原计划从凯恩斯飞往昆士兰州的玛格丽特湾，然后带着一批活海鲜货物返回，准备赶上当晚凯恩斯的国际航班。这次飞行是根据目视飞行规则计划的，但是，预报显示沿航路是目视飞行规则边缘条件，且预计在返航途中，凯恩斯地区的飞行条件还将进一步恶化。

图6-3　夜间航行

飞行员在洛克哈特河机场降落加油，在那里他被请求搭乘一名手部受伤的乘客到凯恩斯接受治疗。然后，其便飞往玛格丽特湾与渔船会合并转载捕获的海鲜。计划抵达时间与退潮时间一致，以便在海滩上着陆和起飞。

由于装载延误，从玛格丽特湾出发的时间比原计划在白天返回凯恩斯的时间晚。然而，飞行员依然满怀希望出发，且寄希望于他可以在较低的高度利用顺风节约时间。飞行员飞往凯恩斯的过程中经过库克镇的机场，那里的条件允许在白天着陆。有目击者在莫斯曼以南观察到飞机在海岸上空进行低空飞行。夜间来临的时候，因为有小雨的原因能见度很低。

飞行员联系了凯恩斯北部的空中交通管制，请求目视飞行航路许可，预计在日落前10分钟到达。而此时，凯恩斯的天气条件已经远低于目视飞行的最低标准，低云和雨中能见度降低。随后管制员评估了情况，由于天气条件以及附近没有合适的备降机场可供飞行员在夜间着陆，所以其指挥飞行员沿海岸继续前往凯恩斯。

尽管飞行员通过雷达引导飞机至机场跑道，但他无法通过进近或跑道灯光完成着陆。在第三次尝试着陆的海面上，飞机从雷达上消失了。岸上的人们听到了飞机撞击水面的声音。那天深夜，调查队搜索发现了乘客的尸体，但未找到飞行员或飞机。

大约3个月后，在浅水中发现了飞机的残骸，并找到了一些部件。回收的飞机部件损坏情况表明飞机严重撞击水面。事故情况符合飞行员在黑暗和恶劣天气中没有足够视觉参考的情况下操纵飞机时的典型特征，飞行员先是出现空间定向障碍，随后飞机失去控制。

飞机离开玛格丽特湾后，飞行员专注于运送贵重且易腐烂的货物。并搭载一名受伤的乘客，这可能增加了飞行员的紧迫感。调查发现，飞行员没有制定关于在天黑和恶劣的天气条件下降落在目的地以外的地方的应急计划。

（六）通航人为因素事故4：突破最低标准

2005年7月8日，一架派珀PA-31酋长飞机在恶劣的天气条件和日照不足的情况下试图降落在维多利亚阿尔卑斯山的霍瑟姆山时失踪。

机上的飞行员已经飞行了30年，并经营着自己的小型航空公司，拥有几架多发和单发包机。他总共飞行了4 770小时，其中235小时为仪表飞行时间，并持有有效的仪表等级（多发飞机），带有全球导航卫星系统（GNSS）仪表进近签注。这名飞行员当时正与两名客户乘坐包机航班前往霍瑟姆山的滑雪场度假。

图6-4　积冰条件下飞行事故

目的地天气预报霍瑟姆山地区有结冰气象条件且可能低于着陆的最低标准。飞行员在离开艾圣顿机场前与霍瑟姆山机场经理的两次电话讨论中，被告知霍瑟姆山机场附近云层低、能见度低且有阵雪。在离开艾圣顿机场之前，飞行员曾和机长进行交流，考虑将航班推迟到霍瑟姆山天气好转后。但据报道，机长当时告知飞行员，乘客们坚持前往目的地，如果可能的话，他们愿意当天下午飞往霍瑟姆山。

该航班最初计划从艾圣顿机场飞往霍瑟姆山。然而，由于天气原因，飞行员将目的地改为旺加拉塔。在飞行中，机长要求副驾驶通过电话联系霍瑟姆山机场经理并了解实际情况。经理表示，在现有条件下，飞机将无法着陆。副驾驶将这些信息传递给了机长，机长不顾建议，回答“……我们的客户坚持要去看看”，然后飞行员驾驶飞机飞向最初预定的目的地霍瑟姆山。

飞行员随后向空中交通管制报告说他在霍瑟姆山上空。他将飞行方式从目视飞行规则更改为仪表飞行规则，并打算用29号跑道进行全球导航卫星系统（GNSS）非精密进近。飞行员通过无线电告知霍瑟姆山机场经理他正在29号跑道进行最后进近，尽管距离预计的日落还有几分钟，但其还是要求经理打开跑道灯。之后，经理试图告诉飞行员灯已经打开，但没有得到任何回应。

随后通过无线电联系飞行员也没有回应，于是开启了搜救工作。由于接下来两天都是恶劣天气条件，对飞机的搜索主要是通过步行并且在陡峭山脊上进行。飞机最终在一个被树木覆盖的山脊上找到，机身部分被雪覆盖。调查结果显示飞机以水平姿态飞入树林，略微向右倾斜。飞机与山脊的最初撞击点比霍瑟姆山机场海拔低200英尺左右。

飞机已经破碎成几个大的部分，大火烧毁了大部分机舱，飞机上的人全部遇难。调查确定飞机系统运行正常，但飞机没有在结冰条件下飞行的装备，飞行员也未按照仪表进近程序飞行。

该案例的经验教训：

为什么有经验的飞行员会进入已知有恶劣天气条件的地方飞行，且伴随着如此不可接受的风险？这两名经验丰富的飞行员都没有误判天气状况，天气预报和报告均低于飞行运行的最低标准。

从商业的角度考虑和强烈的自我动机可能对决策产生较大影响，并影响了飞行员的判断。

飞行员的总飞行经验并不一定代表其具有良好的决策能力。在某些情况下，这种经验和熟悉程度反而会说服飞行员去承担更大的风险，并相信这将使他们能够达到一个目标。

（七）通航人为因素事故5：急于求成

2007年12月7日，一架空中拖拉机AT-802的飞行员正在测试一个使用连接到飞机主起落架上的实验性的飞行中滑雪板取水系统。在一次飞越湖面的测试中，飞机机头急剧向下倾斜，然后倾覆并沉没。飞机严重受损，飞行员在撞击中失去知觉，溺水身亡。

该驾驶员是一位经验丰富的农业飞行员，在50多年的飞行生涯中，其总飞行时间超过29 800小时。当时，他试图开发一种用于瞬间在水面“舀水”的技术，因此，他用自己设计的滑雪板，将其安装在陆地农用飞机上。这个设计是从水上飞机滑水着陆的技术发展而来的，提供了一种替代水上飞机取水用途的方法。

事后通过调查得出结论，发生事故时，右侧实验滑雪板突破了水面，导致大量阻力作用在飞机的右侧，因此让飞机变得无法控制。

图6-5　水上作业飞行事故

调查还发现，滑雪板的开发和测试过程缺乏对风险的适当考虑，是导致此次事故发生的一个因素。该项目由飞行员管理，几乎没有征询航空设计工程师的意见。作为项目负责人，这名飞行员忽视了他自己的员工、设计工程师和民航安全局对实验取水系统的设计和测试提出的一些建议和警告。

尽管存在固有风险，但飞行员却依然对取水系统的概念、设计和测试缺乏任何风险评估，这是该过程中的一个重大缺陷。这种疏忽的出现直接归因于飞行员希望使用其丰富的经验方法快速推进滑雪板的开发进程。此外，在湖上进行的取水测试时，没有安排基本的救援设备和训练有素的水上救援人员。

（八）通航人为因素事故6：缺少风险评估

2002年12月20日，一架改装的涡轮螺旋桨兰斯IV自制航空器进行适航试验飞行，飞行测试作为试飞计划的一部分，由一位经验丰富的飞行员负责。飞行员和制造商乘坐飞机离开维多利亚州库克角进行飞行测试，测试内容包括在贝拉林半岛上空5 000英尺和 6 000英尺之间测试失速特性。据目击者称，曾看到飞机在德赖斯代尔地区飞行，朝着地面急剧下降，随后撞在一块空地上，导致两名乘员死亡。

机载记录设备记录的飞行数据表明，飞机在6 200英尺高度进入失速状态，并在失速开始时发生滚转。它在快速下降时继续滚转，加速到大约150节，并以与水平面成大约40度的角度下降，在飞机撞击地面前发动机功率由低功率快速增加。

机长是一位经验丰富的退役空军飞行员，其拥有6 500小时的总飞行时长，其中包括多年在军用和民用飞机上的各种飞行表演经验。他持有航空运输飞行员执照、一级教员等级，并具备驾驶涡轮动力飞机和大多数单发通用航空飞机资质。

兰斯IV型飞机已在原始型号的基础上进行了大量修改。制造商用涡轮螺旋桨发动机取代了高性能活塞发动机，并寻求了许多人的帮助来重新设计飞机以适应新的发动机安装。在改造过程中，其经验性地放大了尺寸，根据经验对飞机结构进行了合理的改变。这些变化包括减少三个螺旋桨叶片的长度并将机翼重新定位到更靠后的位置。这些设计变更很可能改变了飞机的性能和操纵特性，如果没有成熟的航空工程团队的帮助，几乎不可能预测其累积影响。

图6-6 适航试验飞行事故

尽管飞行员根据民航安全局发布的试飞咨询通告中建议的指导方针制定了飞行试验计划，但没有证据表明其在随后的飞行试验中对风险进行了任何的重新评估。这样的风险评估过程可以从之前的飞行数据和观测中发现显而易见的危险。

随着飞机飞行包线的扩大，应该考虑试飞过程中可能影响飞机安全的风险因素。例如，在失速过程中遭遇非预期操纵时，应考虑先前确定的改出程序，例如向前移动重心。

在之前由另一名飞行负责驾驶的试飞中，他指出该飞机“在80节以下时横向不稳定”，已经失速。在这些初始飞行之前，机长与制造商进行了飞行前简述，其中包括危险和可能的行动。目前尚不清楚事故飞机的试飞员是否进行了类似的飞行前简述。

调查发现，没有证据表明在飞机的建造和试飞计划的开发过程中飞行员进行了任何重大的风险评估。

该案例的经验教训：

开发和试飞要求仔细评估风险并采取适当措施来降低这些风险。正如上面的例子所表明的那样，我们不能仅仅将飞行经验作为降低这些风险的唯一选择。

飞机和飞机系统的安全开发和测试通常需要来自多个学科的专家的知识和技能，包括设计人员和试飞员，并将其看作一个团队工作。有经验的飞行员，无论他们的总飞行小时数有多少，都需要谨慎而有纪律的测试制度。经验丰富的飞行员所拥有的技能不一定最适合开发测试程序和管理伴随风险的整体任务。

（九）通航人为因素事故7：连锁反应

2001年5月23日下午，一架派珀双发科曼奇飞机在昆士兰州阿彻菲尔德机场进行飞行，以测试新安装的左螺旋桨调速器。机上有两名飞行员，均为该飞机的拥有者。飞机在飞行前刚加注了燃油。就在飞机从10R跑道起飞后，塔台管制员告知机组左发动机似乎冒烟。其中一名飞行员回答说："……我们正在关闭它，请求左转返场着陆"。目击者观察到从左侧发动机两侧冒出的似乎是"灰黑色烟雾"。飞机刚升空就左右急剧偏航，然后在非常低的高度开始建立左航线，距离地面约100英尺，在航线上飞行时起落架在放下的位置。当飞机接近机场西部边界时，飞机突然一个左转弯，并低空掠过建筑物。在转弯的过程中，飞机的倾斜角突然增加，并迅速下降撞地，最终导致两名飞行员都受了致命伤。

机长是一位经验丰富的商照飞行员，拥有多发训练的一级飞行教员等级，并拥有超过10 200小时的总飞行经验，其中626小时在双发科曼奇飞机上获得。另一名飞行员持有私用驾驶员执照，共有2 586小时的飞行经验，其中120小时在此型号飞机上获得。

后来在跑道上发现了两个左侧油箱盖，调查发现在加油后飞机左侧油箱盖没有盖好。加油员报告说，在加满油箱后，他将盖子放在加油口颈部，但没有盖好拧紧，并告知了在场的一名飞行员，盖子没有拧紧。

图6-7 测试飞行事故

飞机倒地撞击地面并向左翻滚。地面接触痕迹和螺旋桨叶片的状况表明，右侧发动机在撞击时产生了显著的动力，而左侧螺旋桨在撞击时正在旋转，发动机没有产生动力。起落架在放下锁好位置，襟翼完全收起（起飞位置）。左侧发动机没有起火迹象。

飞行员起飞前检查时应该发现到未盖好的油箱盖并将其盖上拧紧，但如果这样做了，也不会导致此次重大航空事故的发生。调查结果无法确定是哪个飞行员在操纵这架飞机，但无论如何，任何一位飞行员都应该能够处理这种情况。未固定的油箱盖造成的燃油损失并不代表即将发生的紧急情况，在这种情况下要么要求飞行员立即中断起飞，要么继续起飞并爬升到安全的高度和速度。无论如何，在机场边界前都有近800 m的跑道和防冲出地带。

尽管管制员向飞行员报告了“冒烟”的问题，但飞行员应该能够从视觉上确定起因不是发动机起火，而是燃油从打开的加油口泄露。虽然无法确定提及的“冒烟”是否使飞机真的着火，但飞行员随后的反应是不恰当的。左转弯使得向失效发动机一侧转弯不能获得最佳的发动机性能（同时左螺旋桨未顺桨且起落架在放出位）。多发飞机单发失效时试图在非常低的高度转向失效发动机一侧是特别危险的。飞机的最后飞行路径和撞击姿态与飞机空速减小到单发可操纵速度以下时失控的状况一致。

该案例的经验教训：

这一事件表明，当正常完整的程序没有被执行，或者执行草率，或执行中被打断时，再有经验的飞行员也可能会遭遇麻烦。首先，未固定的油箱盖应在飞行前检查期间被发现。其次，在管制员发出警告后，飞行员随后的操纵没有遵循通常的应急程序。

任何起飞都要求对紧急情况做出良好的、训练有素的反应。这就要求多发飞机的飞行员在起飞前的简述中，做好在遇到发动机失效发生时的应急处置简述，为中断起飞或根据飞机的速度、高度和性能继续起飞做好心理准备。遇到这样的异常事件时，有经验的飞行员应该能够处理这种情况而不会增加额外的风险，就像处理类似发动机的故障一样。飞行中发生的火灾可能是大多数飞行员最害怕的噩梦，因为发生这种事时需要他们迅速做出反应，同时又不能失去对飞机的控制。如果确实存在发动机起火，应该将飞机爬升到安全高度，按照飞行中发动机失火的处置程序处置并返回着陆。

有经验的教员应习惯于模拟紧急情况并处置，却往往又会在实际事件中措手不及，这似乎是“打脸”的。有一种解释是，作为教员虽“习惯于”故意“模拟”紧急情况，但却可能没有为实际可能出现的紧急情况做好心理准备。

（十）小　结

人类学习他人经验的能力几乎是独一无二的，但他们显然不愿意这样做。

——道格拉斯·当斯

经验如果运用得当，能有效避免事故的发生，并且在紧急情况下非常有用。经验还可以使飞行员在正常飞行中预测可能发生的事件，从而使其有更多时间监控并检查飞行情况，而不必操心细节。然而，正如我们在前面案例中所看到的，经验并不能使飞行员免于事故。

毫无疑问，经验丰富的飞行员非常熟悉本章中讨论的许多事件，并且他们不认为自己能避免这些事故的发生。经验不足的飞行员可以不断学习、积累经验并避免犯错。作为一名飞行员，无论经验水平如何，都不能跳过学习他人经验的过程。

七

夜间目视飞行

夜间目视飞行事故的警示：你看不到的东西仍然会伤害你。

（一）背景介绍

夜间飞行时，飞行员从驾驶舱外只能得到很少的目视参考来帮助控制飞机。虽然飞行仪表在夜间目视飞行规则（VFR）和仪表飞行规则（IFR）下都能发挥作用，但在夜间飞行的某些区域时，飞行员还必须通过舱外的目视参考来驾驶飞机。

在月圆之夜飞越城市的目视条件几近白天，而在没有月光或没有显著地面照明条件下的偏远地区则处于完全黑暗，夜间和昼间可以看到飞机外面的情况差别很大，所以夜间安全飞行很大程度依赖于飞行员正确运用仪表和目视相结合的飞行技能。

许多飞行员大多在白天飞行。即使是具备夜间资质的飞行员，在夜间飞行时也会面临很多的复杂性。通常情况下，飞行员执行夜航任务时不仅应当具备夜航资质所必需的知识和技能，而且飞机也必须装备适当的装备。

具备夜间目视飞行资格的飞行员应该具备额外的技能和设备，能够通过参考飞行仪表和执行更详细的飞行程序来控制飞机。安全的夜间目视飞行需要正确获取、使用和综合所有信息源，与日间目视飞行相比，夜间目视飞行的意义远不止“眼前一亮”。

> 重要的是看不见的东西。
>
> ——安东尼·德·圣–埃克苏佩里，法国先驱飞行员，《夜航》和《风、沙与星》的作者。

夜间目视飞行所固有的额外风险来自于目视参考的减少，感知错觉可能性的增加，以及随之而来的空间定向丢失风险（当然这些风险是可以得到有效管控的）。本章将通过探讨合适的策略来达到显著降低夜间目视飞行风险的目的。

夜间飞行比白天飞行更困难，因此应确保飞行员熟悉、精通并能严格遵守仪表飞行规则，清楚自己在飞行中将面临很少或没有目视参考的限制因素，要确保在不超出能力范围的环境中飞行。

在决定进入目视飞行条件下的起飞之前，请确保飞机配备必需的设备并能熟练掌握如何使用，同时包括对天气条件和地面照明条件可用性的掌握。

在某些夜晚和某些地形条件下目视条件会更差。更别说在能见度很好的条件下都有可能失去可见的地平线或天空地面之间的对比度。在夜间误入仪表气象条件（IMC）也很难避免。

始终清楚飞机相对于地形的位置关系，并知道保持什么高度才能避开看不见的地形和障碍物。

始终警觉可能导致迷失空间方向的错觉——它们会影响任何人。知道如何参考仪表飞行来避免错觉和从错觉中恢复过来。

图7-1　夜间飞行

上图为夜间良好视觉条件的示例：晴朗的天空、清晰的地平线和高水平的地面照明。

夜间飞行活动较少，部分原因是人们普遍认为和白天相比，夜间发生事故的可能性更大。全球夜间飞行活动亡人事故统计表明，夜间大型航空运输机的进近和着陆事故率接近于白天的三倍。在通用航空活动中，可能存在类似甚至更糟的情况。

夜间飞行活动中，受影响的不仅仅是目视飞行规则（VFR）飞行。在通用航空飞行活动中，夜间单人驾驶员按照仪表飞行规则（IFR）飞行的进近和着陆事故率比在白天时高了8倍，夜间IFR事故率比白天VFR飞行事故率高了2.5倍。估计夜间飞行VFR的事故风险与夜间IFR飞行相似，甚至更高。

澳大利亚运输安全委员会统计1993年至2012年20年间澳大利亚的夜间（目视条件下）飞行事故［不包括涉及任何类型（真实或模拟）机械故障的案例］包括：

（1）13起事故是具有夜间目视飞行等级的飞行员在目视飞行规则下发生的；

（2）8起事故是在仪表飞行规则飞行中发生的，包括具有仪表等级的飞行员的目视飞行；

（3）5起事故是由没有夜间目视飞行或仪表等级的飞行员在目视飞行规则下进行的。

除上述26起事故外，还有：

10起事故涉及夜间目视飞行误入仪表气象条件（IMC）和在夜间尝试在云层下飞行时与地形/障碍物相撞。

在此期间还有其他夜间事故可能也属于上述类别之一，但由于缺乏确凿证据而未被统计在内。

平均每年发生近两起夜间目视飞行事故。重要的是，夜间事故往往是无情的。在这36起事故中，有27起造成了致命后果，共导致58人死亡。这与其他国家过去的研究结果一致，该研究表明，与仪表气象条件（IMC）事故一样，夜间事故更有可能造成致命后果。

在夜间目视条件下发生的26起事故中，有一半涉及飞机失控，最有可能是由于缺乏目视参考而使知觉受到影响或产生错觉；另一半涉及可控飞行撞地（CFIT），在这些事故中，飞行员可能在撞击前不知道地形的接近程度。每种事故类型中约有三分之二的涉事飞机是固定翼飞机，三分之一是直升机。在这些事故中涉及的三种类型的飞行员/飞行规则组合（具有适当等级的飞行员的夜间目视飞行、目视条件下的仪表飞行以及没有夜间等级或仪表等级的飞行员的夜间目视飞行中），每一种都涉及各种失控和可控飞行撞地事故。

涉及夜间目视条件事故的飞行员等级、经历各有不同。统计显示，夜间可控飞行撞地事故的飞行员与那些夜间飞行失控事故的飞行员相比，其飞行经历更多。夜间可控飞行撞地事故的飞行员平均飞行经历为3 789小时，机型时间548小时；而夜间飞行失控事故的飞行员平均飞行经历1 516小时，机型时间114小时。然而，这两组人员中都有经验丰富的飞行员。此外，这些事故中的飞行员涉及各种执照等级，包括航空运输执照（5人）、商照（10人）、私照（10人）和学生执照（1人），这些在失控和可控飞行撞地事故中的分布相当均匀。总之，种种事实表明，仅凭经验并不能避免该类型的事故发生，各种有经验水平的飞行员都容易受到该类型事故的影响。

夜间目视飞行事故发生在包括巡航在内的所有飞行阶段；然而，飞机在进场或起飞后爬升时发生的事故数量最多。

（二）通航夜间飞行事故1：飞行前没有查阅可用信息

2007年5月26日下午，一架派珀Arrow飞机从珀斯的詹达科特机场起飞，一名飞行员带着两名乘客朋友飞往其在埃斯佩兰斯的家。飞行时间约为两个半小时，飞机在日落后约90分钟抵达埃斯佩兰斯附近，最后一次在雷达上被观测到时的高度为9 500英尺。

天气预报表明，沿飞行路径、巡航高度及以下有大量云。埃斯佩兰斯机场的预报表明，如果天气间歇性恶化，目视飞行将需要额外携带30分钟的燃油。除了跑道照明外，机场附近没有明显的地面照明。再加上云雨遮天蔽日，这片区域非常暗。飞机在11号跑道的三边后段或四边位置坠毁在了平坦的作业区上。机上三人死亡。

天气预报描述了不利于夜间目视飞行的天气条件。在到达埃斯佩兰斯附近之前，飞行员几乎可以肯定是在云中飞行的。预报显示抵达时天气可能会出现间歇性恶化。所以飞行员选择等到天气好转再尝试降落在埃斯佩兰斯也是没有办法的，因为黑夜条件会使他无法看到周围的天气，而且也无法找到合适的区域进行目视保持。

基于天气预报，飞行员不应该起飞进行夜间目视飞行。即使在白天，这也将是一次边缘条件的目视飞行，很有可能改航到备用机场。而在夜间，由于飞行员无法看到或避免任何即将到来的恶劣天气，安全更加无法得到保证。

事故发生时，飞机可能处于受控飞行状态，因为它似乎以预期的速度、预期的方向和构型飞行，然而，飞行员可能并不知道飞机离地形的距离是如此之近。

该案例的经验教训：

在飞行前获得的信息通常会告诉飞行员计划中的飞行是否能够完成，并将提供足够的信息来表明条件是否适合飞行员的个人能力。在夜间目视飞行而没有信心保持在目视气象条件（VMC）和个人签注范围内时，将危及飞行员和乘客的安全。没有备选方案就下降高度或在能见变差时会让飞行员无处可去。

图7-2 事故现场（一）

（三）通航夜间飞行事故2：航线上错误位置的高度错误

2011年3月30日，一架派珀Saratoga飞机打算从莫里飞往布雷瓦里纳，并预计于当晚返回。飞机所有者和飞行员持有私用驾驶员执照和夜间目视飞行等级多年，但是近期没有夜间飞行经历。机上还搭载了五名乘客。

在回程的航路上，为了让乘客能看到特定的地标，飞行员绕了很多弯路，当飞机返回莫里时，天已经黑了。

莫里机场起落航线的二边是飞向莫里市中心，那里提供了足够的地面照明，让飞行员可以通过目视参考来控制飞机。最后进近航段通过一个房车营地和公路上空。然而，除了前方的跑道照明外，在跑道之前的最后500米内的进近路径上的地面照明相对有限。

飞机在航线五边时高度非常低。左翼撞到了跑道以北700米的房车营地的树顶。飞机倒转并在大约滑行150米后坠地。两名乘客在事故中幸免于难。

该案例的经验教训：

即使有地面照明，也可以通过不断匹配飞机在进近航路中的位置和预期高度来确保越障（越过障碍物的简称）。这种检查允许飞行员在需要时及早修正高度。近期夜间经历使飞行员能够保持必要的技能和判断力以在夜间安全飞行，例如更早地发现和修正下滑点或解决下滑线过低的问题。

图7-3　事故现场（二）

（四）通航夜间飞行事故3：警惕附近的障碍物或地形

一架罗宾逊R44直升机的飞行员（也是拥有者）经常使用该直升机在农场和他的家之间进行一个多小时的通勤。2011年4月24日下午晚些时候，他带着一名乘客从农场起飞回家。根据计划的离场时间，直升机将在天黑前到家，但是起飞被推迟了。预达时间前约10分钟，就在快日落的时候，飞行员发现在自己和目的地之间有一片雷雨天气，因此决定返航。飞行员和直升机均未获准夜间飞行。

飞行员决定转向一个海滩空地的沿海度假屋，在农场和他家之间，距他大约有20分钟的路程，主要路径为沿着海岸飞行。在那段时间里，乌云密布，阻碍了天体照明照亮地形。当直升机接近度假屋时，飞行员飞越海面向着陆点进近，在低空飞行时，由于飞行员看不到悬崖表面的灯光，最后直升机缓缓前进、下降、飞向悬崖，最终坠入大海。直升机沉没前，机上两人虽都离开了直升机，但仍未能在事故中幸存。悬崖面位于直升机入海处前方约250米处。

该案例的经验教训：

不具备夜间飞行资格的飞行员需要知道何时日落并计划在此之前安全地着陆。

申请计划时，应在到达时间和日落时间留有裕度，以预防遭遇任何意外的延误，并确保飞行员不会在不具备必要技能和经验的环境条件中飞行。

一个不具备夜间飞行资质的飞行员要认识到，一旦没有在日落之前很好地完成飞行计划，且不采取任何措施，将使飞行处于危险之中。

无论有多不方便，只要有充足时间更改飞行计划以便能在天黑之前降落，就要果断选择保证安全。随着飞行员“加满油门”去保证安全，不可预见的问题就不会出现。

图7-4 海中的飞机残骸

（五）通航夜间飞行事故4：当什么都看不到时，就不知道哪个方向朝上

2011年7月27日，日落后10分钟，一名飞行员驾驶罗宾逊R22直升机从布鲁金斯普林斯站的大石坝料场起飞回家，飞行时间通常需要30～40分钟。

通常的飞行路线要飞过一个没有地面照明的区域，然后飞过石灰岩山脊到达平原，从那里可以看到菲茨罗伊克罗辛的灯光。但在此次行程中，当飞行员驾驶飞机飞行到某点时，飞行员错误地飞向了布鲁金斯普林斯宅基地。

直升机大约在日落时起飞，最初以正常巡航速度飞行，但逐渐减速，后来在一条土路上空盘旋，然后飞往菲茨罗伊克罗辛。日落30分钟后，直升机飞得非常低且非常慢，可能是飞行员想借助直升机着陆灯照明可见的地面来飞行。十分钟后，天完全黑了，直升机从离地高度约100英尺爬升到600英尺，然后转向农庄，在转弯期间直升机地速从5节增加到95节，以极快的速度撞向地面。飞行员在事故中受了致命伤。

飞行员从未接受过夜间飞行训练和获得夜间目视飞行等级。这架航空器虽配备了适合夜间飞行的照明设备，但它没有必要的仪表和其他必要的设备来保证夜间安全飞行。

在之前的事故案例研究中，飞行员始终保持对直升机的操纵控制，最终在不知情的状况下撞地。在这起事故中，飞行员很可能因为没有足够的目视参考来保持直升机水平向上，导致空间定向障碍从而失去对直升机的控制。

该案例的经验教训：

要实现安全的夜间飞行必须具备许多条件。包括飞行员受过相应夜间飞行培训并取得夜间飞行资质，知道所有要求并能够胜任，否则不允许在夜间飞行。

除非满足必要的仪表和设备要求，以确保安全的夜间飞行和着陆，否则就不要在日落前开始无法完成的飞行计划。

在非常黑暗的条件下，例如农村地区，夜间目视飞行所需的技能与白天目视飞行有很大不同，甚至超过一些接受过夜间目视飞行训练的飞行员的能力。

图7-5 事故现场（三）

（六）通航夜间飞行事故5：在没有可见地平线的情况下失去控制

2006年10月25日，一架派珀酋长飞机从昆士兰的埃默拉尔德起飞，前往海岸的格莱斯顿，飞机上搭载一名飞行员和两名乘客，预计将会在晚间到达。正常巡航时飞机保持高度在9 000英尺。日落有25分钟后，当飞机下降通过约5 000英尺高度时，下降率急剧增加，最后飞机很快在大速度转弯中坠毁。

本次事件中的飞行员飞行经验丰富，在发生事故的那两年也频繁飞行。然而近期没有多少夜间飞行或仪表飞行的经历，而且只是最近才获得派珀酋长机型的签注。他之前所有的多发飞机经历都是操纵特性不同的更轻、更慢、更小的飞机。

当天飞行的环境为：云层非常暗，一点落日的余晖慢慢从飞机后方照射过来。撞击的情况使得飞行员无法确定飞机或发动机是否有故障，或者明确发动机的燃油供应是否受到影响。当天飞机一直正常飞行，直到它进入螺旋下降。由于黑暗的环境条件，一旦飞机偏离其正常飞行路径，飞行员只能通过参考飞行仪表来改出。尽管飞行员飞行经历丰富，但由于当时缺乏地面和天体照明，再加上飞行员近期夜间和仪表的飞行经历少，而且在这种尺寸和性能的飞机上的经验很少，这些综合条件可能超出了飞行员保持对飞机控制的能力，使得他很难改出这种情况。

该案例的经验教训：

一次特定的飞行可能满足所有必要的法规要求，但是在多重风险因素共同发挥作用时，一个原本很小的干扰就有可能与现有的风险因素叠加，从而导致事故发生。

图7-6　事故现场（四）

（七）通航夜间飞行事故6：在沙漠中什么都看不到

2011年8月，一架小松鼠AS355F2直升机前往南澳大利亚艾尔湖地区的不同地点拍摄电视纪录片。直升机上有一名飞行员和两名拍摄人员。他们于17：15左右抵达库珀溪入口的一个岛屿，会见并采访了一个旅行团。

当天，飞行员和摄制组在日落之后的19：00左右离开了该岛。虽然此时没有低云或雨，但这是一个漆黑的夜晚，不仅月亮没有升起，也看不到地平线。除了旅行团在岛上的篝火外，没有任何其他地面照明，除了星星之外，几乎没有任何其他的环境照明。目击者称，直升机最初垂直爬升时向后移动，这最有可能是为了保持对篝火的能见，因为篝火是唯一的地面光源。目击者随后观察到直升机先向东然后向东北方向飞去。这与他们的预期相反，因为他们知道机组人员正打算返回他们位于南部穆洛里纳站的住所。

直升机在平均海平面高度约1 500英尺处改平，然后开始向右转。由于直升机最初朝错误的方向飞行，因此飞行员很可能在此转弯期间忙于设置GPS，以便他们前往住处。转弯开始的12秒后，直升机开始下降，坡度增加。根据GPS数据和飞行路径估计，直升机在19：02左右，即开始下降后约38秒时撞击地面。对残骸的调查表明，直升机以右边朝下90°姿态撞地。

这位飞行员作为一名商用驾驶员，已经飞行了30多年，拥有超过16 000小时的经历，且主要是在直升机上获得的。具备夜间目视飞行等级，总共有483小时夜间飞行经历，但在事故前12个月中只有3.4小时夜间飞行经历，在过去4年中也只有30小时夜间飞行经历。虽然他有一些仪表飞行经历，但这都是在事故发生的30多年前。因此，他既可能没有足够的近期夜间飞行经验，也没有足够的在事发时非常黑暗的条件下所需的仪表飞行熟练度。

澳大利亚运输安全委员会调查得出的结论是，飞行员可能在开始右转后失去空间定向能力，并且没有意识到下降和坡度增加，最后没有充足的时间来改出。

该案例的经验教训：

在非常黑暗的条件下，就可用的外部视觉信息而言，目视气象条件（VMC）和仪表气象条件（IMC）是一样的。飞行员需要在每次夜间飞行前重新评估他们的夜间飞行经历、近期经历和熟练程度，同时也需考虑到基于黑暗程度所需的仪表飞行水平。

在适当的条件下，任何飞行员都可能出现空间定向障碍。受到的干扰和高工作负荷会在不经意间分散监视仪表的注意力，降低飞行员对空间定向障碍的警觉。

图7-7　事故现场（五）

（八）通航夜间飞行事故7：向着黑暗起飞

2011年2月5日，一架塞斯纳 310R飞机执行包机飞行，将乘客从达尔文送回巴瑟斯特岛。有五名乘客在那里下机。随后飞行员单人起飞朝着西北方向返回达尔文。

巴瑟斯特岛机场西北部的地形平坦，没有地面照明，只有红树林，后面是大海。起飞前大约一个小时就日落了，月亮也差不多同时消失了。飞机经过跑道尽头后，外面完全看不到任何东西，只能通过参考飞机的飞行仪表来保持控制。当在起飞后收起起落架时，这种飞机通常会立即从大约100节加速到120节。

飞机高速坠毁在跑道尽头约1千米处的红树林中，机翼水平，发动机处于高功率设置，看起来起飞和初始爬升一直正常，但飞机一直被操控下降而不是爬升，直到它坠毁。

该飞行员作为一名商用驾驶员，已经服役了3年，他最近曾在夜间将同一架飞机飞到同一地点。没有任何迹象表明飞行员的资质、训练或能力存在问题，也没有迹象表明机身、发动机或飞行仪表之前就存在任何问题。飞行员有仪表等级签注。

推测飞行员当时可能产生了重力错觉，使他相信飞机正处于机头向上的姿态，并且他可能没有充分参考飞行仪表（特别是姿态仪），更加加剧了这种错觉。起飞后飞行员感到工作负荷大，多重任务需要他将注意力从监控飞行仪表上移开，以确保飞机继续爬升。

没有任何迹象表明飞行员知道即将发生的坠机事件。这种行为与飞行员在无意识状态受到感官前庭错觉的影响是一致的。

图7-8 事故现场（六）

该案例的经验教训：

在外部没有可见地平线的情况下，飞行员要意识到没有外部目视参考可用，需要随时防止可能的错觉。飞行员在飞行高工作负载阶段更容易受到这种错觉的影响，例如在起飞后，当他们重新设置飞机、切入出航航迹和用无线电通信时。在做这些事时，必须要将状态保持，这一关键任务放在首位，才能保证安全，而其他一切都是次要的。飞行时要始终对仪表给予足够的关注，来保持飞机在预计方向以适当的速度和姿态飞行。

与昼间目视条件下飞行相比，夜间目视条件下的安全飞行需要一种非常不同的飞行管理方法。如果飞行员有意识地用不同的方式来适应夜间飞行，即使是经常在白天飞行的飞行员，也能够在夜间更安全地飞行。这需要有意识地决定在夜间飞行的哪些阶段使用仪表飞行。这种方法能减小飞行员受到前庭错觉影响的可能性，并在它们发生时做好准备和进行管理。

（九）通航夜间飞行事故8：起飞后的坡度

一架派珀酋长飞机从维多利亚州南部的穆拉宾飞往新南威尔士州的麦夸里港，飞机上载有一名飞行员和三名乘客。飞机曾在巴瑟斯特停留加油，并在日落后约20分钟再次起飞，此时该地区有云和小雨。

起飞后不久，飞机以设置的高功率和大速度带右坡度坠毁在距机场约3千米处。事故现场位于跑道延长线的右侧，飞机从起飞方向转了大约180°航向。机上人员没有在事故中幸存下来。

飞行员有几种多发飞机的飞行经历，并持有仪表等级，这次飞行是合法的，并且没有任何飞机故障的迹象。飞机起飞后的操纵特点为既不是按照仪表规则飞行，也不是按照夜间目视飞行规则飞行。

飞行轨迹虽不是准确地朝向目的地，但符合起飞后开始右转飞往预定目标的预期位置，但转弯没有停下来，飞机转过预期航向后，继续增大坡度转弯然后坠毁。推测飞行员可能经历了躯体错觉，因此没有注意到飞机的坡度角。

没有任何迹象表明飞行员意识到了即将发生的坠机。这种行为与飞行员在无意识中受到前庭感官错觉影响的情况是一致的。

该案例的经验教训：

这架飞机和飞行员资质似乎没有任何问题，但它仍然坠毁。为防范前庭错觉做好准备可以缓解在黑暗环境中起飞后立即失去控制的风险，使用飞行仪表首先要保持对飞机的控制，同时在飞行前做好准备以便起飞后的工作负荷不会因为飞行员考虑后续工作而增加。这种方法让飞行员有更多的精力保持对飞机的控制。同样，如果飞机有可靠的自动驾驶仪，通过提前预设将飞行员的前庭感知与飞机的控制分开，减少飞行员的工作负荷，就可以让飞行员能够更加专注于飞行仪表。

图7-9　事故现场（七）

（十）风险管控手段1：拥有并使用正确的操作信息

与昼间目视飞行相比，夜间目视飞行的安全性要求更高。飞行员必须能够胜任并掌握所有必需的附加技能和知识。天气、照明、导航设备、NOTAM（航行通告）和机场信息的知识对于在航班开始之前确保可以安全飞行是很有必要的。飞行员必须拥有并使用额外的技能，将通常稀少的外部视觉信息与来自飞机仪表和正确操作程序的信息结合起来，以提供最佳的姿态信息来控制飞机。飞机还必须有额外的设备使飞行员能够控制它。除非所有这些要求都得到了遵守，否则飞行员很可能会在更高的风险下操作飞机。

只有当飞行员了解机场天气、跑道照明以及跑道和导航设备等基本设备的可维护性时，才能确保安全着陆，这些设备是可以通过航行通告访问的。尽管机场基础设施通常状况良好，但绝不应假设基础设施可以使用或与飞行员上次使用时的状况相同。即使只是一次丢失某些重要信息的情况，也可能危及飞行安全。

航路夜间飞行不仅依赖于对飞行最低安全高度（LSALT）的充分了解。还需要预测天气条件，因为虽然目视飞行不应进入云层，但飞行员可能无法看到正在接近的云层，直到飞机进入云层。

外部目视参考不足会妨碍飞行员看到和避开未被照亮的地形或障碍物。在航线上通过申请按照LSALT规则飞行来避免这种风险通常是有效的。在云下保持目视飞行时，意外接近地形相关的风险通常与失去水平或垂直感知能力有关。

水平感知能力缺失源于对飞机所在位置的错误理解或丢失位置。如果飞行员没有意识到飞机正在飞越高于计划的地形，这种情况是很危险的。

即使对飞机位置的了解是正确的，但对飞机高度或地形高度的错误理解会导致垂直感知缺失。如果高度计指示错误或飞行员认错高度信息，或者飞行员飞错高度，就会导致这种情况发生。

飞行员不经意间飞向云体的事故也时有发生。由于云体不便观察，夜间误入仪表气象条件（IMC）的可能性更大，因夜间误入仪表气象条件（IMC）而导致的事故多发。在晚上通常无法提前获得仪表气象条件（IMC）的视觉警告，特别是飞机接近恶劣天气首先忙于改航和等待的时候，并且预防性着陆也往往是不可行的。撞地事故也时有发生，因为飞行员在云下飞行时只有飞得低而别无他法。所以，飞行员需要非常准确的垂直和水平意识才能确保安全。

飞机在起落航线上必然更接近地形。在没有照明的情况下，准确的垂直导航对于确保与该地形和任何障碍物保持一定的距离至关重要（例如电线杆、电线、栅栏、树木、建筑物等）。

由于偏僻机场起落航线上的地形不能被准确观察，飞行员需要知道飞行所有阶段的正确高度，包括起落的每一条边、飞越和加入起落。飞行员可以通过参考跑道灯、风向袋和飞机仪表来准确判断在起落航线中的位置，并通过将跑道灯的预期视角与航线中各位置的预期高度相匹配来降低风险。这样飞行员可以有两种不同的、独立的判断方法，检查两种方法是否提供相同的信息，来确保他们处于起落航线的正确高度和正确位置。但是请记住，一些机场并没有被灯光包围，因此要依据飞机的方向和相对于跑道的位置关系来判断，当飞机远离跑道灯光时，可能在部分起落航段上无法通过目视地面参考。

在长时间的直线进近时，当他们的飞机和跑道之间只有一片漆黑时，飞行员通常会感觉到他们的飞机进近高度高。这种“黑洞错觉”会导致飞行员过度下降飞机高度，以便他们基于对跑道灯的进场路径感知看起来是正确的。世界各地都有许多这种错觉导致的夜间进近事故。

飞行员对这种现象保持警惕，可以降低最终在五边过早下降导致高度太低的风险。如果没有VASIS或PAPI灯等目视进近引导辅助设备，飞行员必须在进近期间根据预期高度主动检查飞机的实际高度，这对于是否能够确保正常的飞行路径飞行并且不受任何目视错觉的影响来说至关重要。也就是说，在进近的各阶段都要对跑道灯的目视情况和飞机的高度及其与跑道的距离进行交叉检查。

（十一）风险管控手段2：在执照权限范围内飞行

在昏暗的环境中飞行时，飞行员必须在个人执照权限范围内执行。夜间飞行等级和仪表等级赋予了飞行员夜间飞行的权利，在夜间什么都看不到时和飞越有地面灯光的城市时所需的技能是完全不相同的。在非常黑暗的环境中，目视气象条件（VMC）与仪表气象条件（IMC）在可用的外部目视参考方面本质上是一样的。唯一真正的区别是在目视气象条件（VMC）中可以看到地面上的灯光。在没有灯光或环境照明的偏远地区，是没有本质上的区别的。飞行员既看不到地面，也没有可用的外部目视参考来帮助他们确定方向。

对于夜间安全飞行所必备的技能，不经过练习就会生疏。即使飞行员是合法飞行，也有近期夜间市区飞行经历，但如果最近没有在黑暗环境中的飞行经验，也可能会面临更高的风险。虽然夜间飞行等级允许在附近照明很差的情况下往返简易机场，但许多飞行员很少在这种环境中飞行。仪表飞行是一项复杂的技能，一旦取得，就需要通过定期练习来保持。如果飞行员没有近期夜间飞行经历，最好不要在这些条件下飞行，除非能得到一个称职、有资质飞行员的协助。

民航法规对夜间飞行有特殊要求，包括额外的飞机设备、飞行员的可用情报、飞行员资质和近期经历要求。这些在民航咨询通告5.13-2（夜间目视飞行规则等级）中进行了解释。设定比法规规定的最低标准更保守的个人操作限制可能是降低风险的有效方法。个人最低标准使飞行员能够更准确地评估个人风险并通过实施适当的方法来控制这些风险。飞行员如能主动考虑特定计划飞行的风险，则更有可能识别并采取措施来管理所有相关的风险。

除了气象条件外，夜间目视飞行的飞行前准备还应包括对目视条件的评估。除了考虑将能提供什么样的地面照明（在农田、沙漠和海洋上空飞行可能特别缺乏地面照明），还要考虑天体照明，通过出发点观察到的光照水平去预测途中和目的地的气象条件，更要考虑到云层会显著减少可用的月光和星光。要做好尽管前方能见度可能很好，但可能没有目视参考物的准备。

（十二）风险管控手段3：夜间错觉

当我们能看到的东西很少时，解释实际上所看到的内容就会受到有限背景的限制，因此误解所看内容的可能性会变得更大。远处、稀疏的照明会引起飞行员疑虑——这是一盏灯还是一颗星星？还可能是一辆汽车。而对这种怀疑的担忧会增加迷失方向的可能性。忽视或忽略不确定信息，采纳更确定信息的能力可以帮助飞行员变得更自信，从而降低迷失方向的风险。

在缺乏目视参考的情况下，飞行员从他们的前庭系统（内耳）获得的运动感知（或缺乏感知）会导致空间定向障碍。与飞行员夜间遭遇空间定向障碍有关的事故涉及各种拥有丰富经历水平的飞行员。在整个飞行生涯中飞行员似乎很容易受到与夜间目视飞行相关风险的影响。我们可以将可能出现的前庭错觉，视为夜间目视飞行工作的一部分从而保持警惕，并在错觉发生时采取适当的方法来应对这些幻觉，从而控制风险。

飞行员夜间基于外部视觉线索的情景意识可以通过使用来自驾驶舱内外的所有可用信息源来加强，并意识到干扰影响和错觉会降低情景意识。

同时，飞行员还需要认识到，他们通过仪表信息来控制飞机的能力可能会受到以下几个心理因素的影响：

（1）高工作负荷和干扰会减少飞行员检查仪表的次数和频率。尤其是在直升机和没有自动驾驶仪的飞机上，这会大大增加飞行员的工作负荷。

（2）当飞行员的注意力集中在另一项任务上时，他们可能无法识别或需要更长时间才能识别异常的仪表读数，即使他们正直视它时也是如此。

（3）姿态仪认读错误，特别是在高压力或高工作负荷时，飞行员容易错误依据移动指针（水平指示）而不是固定的飞机符号控制飞机。尽管在经验较少的飞行员中更为常见，但有经验的飞行员在紧急情况下仍可能犯此类错误。

（4）疲劳会增加空间定向障碍的风险，并可能导致飞行员反应时间延迟以及出现一系列错误操纵。

与夜间飞行特别相关的两种基于前庭的错觉是重力错觉和旋动错觉。

1．躯体重力错觉

任何加速的车辆都会将面朝前的乘员向后推到他们的座位上。这会产生一种与向后倾斜感觉非常相似的前庭感觉。在没有辅助视觉提示的情况下，飞行员可能会在加速（例如起飞）时将这种前庭感觉误认为是俯仰姿态变化。这种前庭错觉，被称为是重力错觉，在起飞滑跑过程中随着加速度的增加和起飞速度的增加变得更加明显，特别是飞机起飞后继续加速，而没有明显的外部视觉线索时，错觉会进一步放大。

飞行员意识到并理解它，并通过有效使用飞行仪表在起飞后几秒钟内控制飞机，可以降低重力错觉的风险。这种错觉在固定翼飞机起飞后最为普遍并会立即产生影响，同时也可能发生在飞机纵向加速时。

2．躯体旋动错觉

这种错觉与飞行员对飞机坡度角的错误理解有关。当倾斜角（坡度）改变时，飞行员的前庭系统将记录任何高于激活阈值水平的角加速度。一旦飞机持续转弯，因为没有角加速度，飞行员的前庭系统将停止记录任何输入。在没有任何其他感官信息或前庭输入的情况下，飞行员可能会感觉到飞机不再转动。

这种感觉通常会被视觉系统所纠正，而视觉系统会受到随着转弯的继续而旋转的外部环境的影响。然而，在没有外部视觉线索的情况下，成功地定向依赖于来自飞机飞行仪表的可用信息。前庭和视觉线索之间感知到的信息冲突要求飞行员忽略前庭感觉而仅参考仪表飞行。

如果滚转运动逐渐发生，它可能低于飞行员可以通过前庭感觉检测到的水平。人类检测短时间滚动运动（5秒或更短）的阈值约为每秒2°，而对于较长的持续时间（5秒或更长），该阈值约为每秒0.5°。飞行时这些感官阈值通常更高，尤其是当飞行员的注意力被转移到别处时。由于外部目视参考有限或没有外部目视参考，除非通过仪表监控发现，否则持续的轻微滚转可能不会被注意。

然而，如果从仪表上注意到并加以纠正，通常由滚转到改平直线飞行用时较短，因此被前庭感官感知，改出后飞行员可能会感觉飞机仍然在向相反方向转弯（这也可能发生在较长的持续转弯中，当刚改出转弯时感觉还在转弯）。这种情况通常被称为“倾斜错觉”，这种错觉会随着时间的推移而消失，除非飞行员参考仪表飞行，否则有可能使飞行员迷失方向。

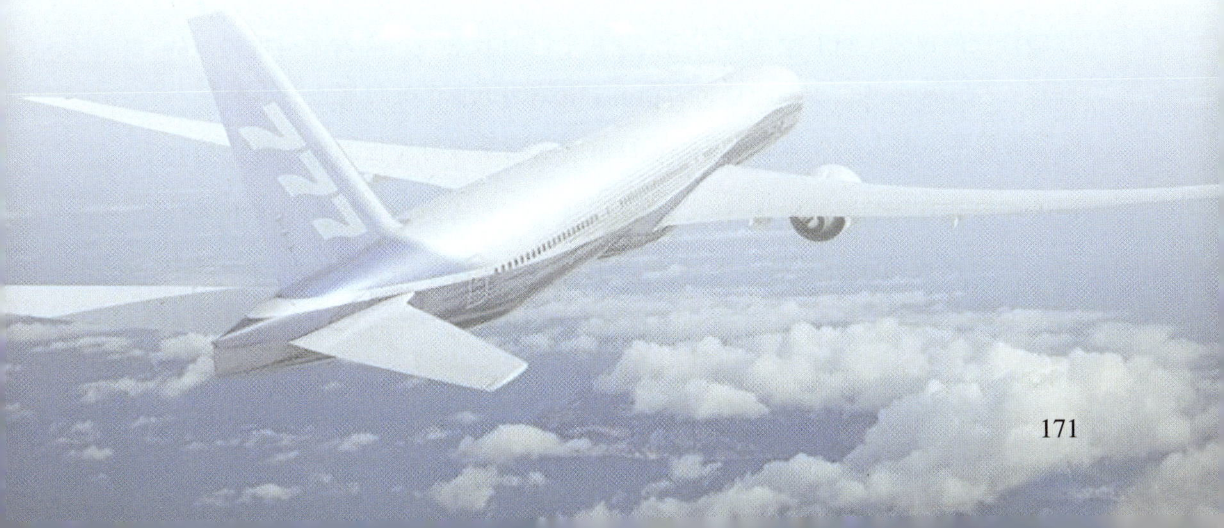

（十三）小　结

与夜间目视飞行风险相关的事故数据表明，它可能发生在驾驶任何类型飞机、各种不同经历或不同资质的飞行员身上，飞行员并不会因为自身飞行经历的增加而增加从这类风险中幸免的概率。通过本书中的照片便可以看出夜间事故的严重后果。而四分之三的夜间目视飞行事故会导致如此致命后果。

与夜间目视飞行相关的风险是无法避免的——它们必须被理解、识别和管理。操纵的错误可以通过交叉检查仪表指示来识别，飞行员可以通过专注于飞机控制和使用最可靠的信息源来管理这种风险。可控飞行撞地风险可以通过计算最低安全高度、了解航线的地形高程以及了解起飞和着陆期间起落区域内的山丘和障碍物的位置来管理。这些信息可以通过充分的飞行前准备、准确的水平导航明确所在位置以及准确的垂直导航了解飞行员与下方障碍物的距离来获得。所有东西都在晚上更难看到，地形和障碍物往往没有被照亮，观测云也变得更困难。如果为了着陆需要飞得足够低时，要详细计划如何避开预期飞行路径上的所有障碍物以保持安全。

夜间目视飞行与白天目视飞行（除了在非常黑暗的条件下）和需要特殊技能授权的仪表飞行有很大的不同。它需要各种仪表飞行和有限目视飞行的两种不同技能组合，来增强情景意识以实现安全飞行。为了保持这些技能，飞行员需要有足够的近期经历和练习。在没有光源的情况下飞越陆地或海洋时，在没有月亮的黑夜中飞行时，夜间目视飞行在本质上与仪表飞行相同。

在每次夜间飞行之前，飞行员应通过考虑天气条件、空中照明和可用地面照明，系统地评估飞行遇到黑夜条件的可能性，并时刻牢记只在不超出自身能力范围的环境中飞行。在非常黑暗的条件下，如果飞行员有仪表等级，请考虑按照仪器程序；如果飞行员没有仪表等级，请避开地面照明有限的区域。

在夜间目视飞行中，任何飞行员都更有可能受到错觉的影响。应制定好应对策略，并随时准备好恢复到仪表飞行，以便可以从任何空间定向障碍中恢复过来。